태국어 표준 교재 A0

본 교재는 2018년 정부(교육부 국립국제교육원) '특수외국어교육 진흥 사업'의
지원을 받아 수행된 결과입니다. (CFL-한국외-2018-태국-C-2)

สวัสดี

ตำรา ภาษาไทย ฉบับมาตรฐาน

태국어 표준 교재

한국외국어대학교 태국어과

A0

ขอบคุณ

HU:iNE

คำนำ

머리말

태국어는 고유의 문자를 가지고 있는 언어입니다. 자음이 42자, 모음이 32자로 자모음의 개수가 많고 여러 가지 특수기호까지 더해 암기가 까다롭기로 유명합니다. 또한, 한국어에는 없는 성조가 있습니다. 외국인 학습자의 입장에서는 성조의 체계까지도 익혀야만 제대로 읽을 수 있습니다. 이 때문에 여러 특수외국어 중에서도 태국어와 타이 문자는 학습에 있어 진입장벽이 높다고 알려져 있습니다. 특히, 모국어와의 거리감이 있는 한국인 학습자들이 태국어를 배울 때 상대적으로 초기에 더 많은 시간과 노력이 필요합니다.

한국에서의 태국어 교육은 1966년 최초로 전공으로 개설된 이후 꾸준히 발전해 왔습니다. 다양한 교재와 교육 프로그램이 개발되었고, 태한-한태 사전 역시 온라인과 오프라인으로 서비스되고 있습니다. 이는 한국과 태국 간의 오랜 경제적, 정치적, 문화적 우호 관계를 방증하는 것입니다. 세계적인 관광지이자 아세안의 중심국인 태국은 한국인에게 중요한 파트너로서 긴밀한 관계를 발전시켜 나가고 있습니다. 이에 태국어 전공 학습자는 물론이고, 다양한 요구를 가지고 태국어를 학습하는 국민들에게 체계적인 교육과정과 교재의 제공을 하는 것은 태국어 교육의 저변을 확대하는 데 선행되어야 하는 숙원사업이었습니다.

2016년 제정된 특수외국어교육진흥법의 일환으로 진행된 특수외국어교육사업으로 태국어 교육 표준화의 소중한 첫 발걸음을 내딛게 되었습니다. 본 『태국어 표준 교재 A0』는 한국인 학습자가 태국어를 본격적으로 학습하기에 앞서 반드시 선행되어야 하는 태국어 자모음과 성조 체계를 익힐 수 있게 하는 것을 주목표로 하고 있습니다. 특히, 복잡한 타이 문자의 자모음 및 기호들을 익히고 성조체계를 이해한 뒤, 이를 활용해 제대로 소리 낼 수 있도록 하기 위하여 다양한 예시를 수록했고, 학습자들이 스스로 연습할 수 있도록 각 예시에 대한 발음과 성조를 한글로 표기해 두었습니다. 해답은 부록으로 수록하였습니다. 또한, 까다로운 쓰기를 스스로 연습할 수 있도록 펜습자를 부록으로 함께 실었습니다.

본 교재를 완성하는 데는 여러분의 노고가 있었습니다. 교육부 국립국제교육원 및 한국외국어대학교와 부산외국어대학교 특수외국어교육진흥원의 지원에 감사드립니다. 늘 든든한 지원과 세심한 조언을 아끼지 않으시고, 또한 본 교재의 감수를 맡아 주신 한국외국어대학교 이병도 교수님, 윤경원 교수님, 정환승 교수님과 부산외국어대학교 김홍구 교수님께 깊이 감사드립니다. 또한 소중한 자문을 해 주신 씬라빠껀대학교 쏨차이 쌈니앙응암 교수님, 한국외국어대학교 께와린 씨무앙 교수님, 치앙마이대학교 나리싸라 뜨라이붓 교수님께도 감사드립니다. 특수외국어를 편집하는 까다로운 작업을 훌륭하게 진행해 주신 한국외국어대학교 지식출판콘텐츠원 관계자 여러분께 감사드립니다. 마지막으로 집필자들에게 가르침의 은혜를 베풀어 주신 한국과 태국의 선학들의 노고에 머리 숙여 감사드립니다. 혹여 부족한 부분이 있다면 온전히 저자들의 몫이며 여러 기회에 다듬어 나가리라 다짐합니다. 이번에 시작된 소중한 발걸음이 앞으로의 태국어 교육에 미약하나마 기여할 수 있기를 바라마지 않습니다.

2019년 11월

집필위원 일동

คำชี้แจง

일러두기

『태국어 표준 교재 A0』는 처음 태국어와 문자 학습에 입문하는 전공자 또는 일반인 학습자들을 위한 교재로 개발되었습니다.

집필 방향

- 본 교재는 태국어 문자와 성조 등 기초지식 배양을 위한 내용으로 구성되어 있습니다.
- 태국어 표준교육과정의 기준에 따른 입문 단계인 A0 단계에 대한 내용이며, 이는 A1 단계에 선행하여 학습하거나, A1 단계와 병행하여 학습할 수 있습니다.
- 본 교재는 주로 이론과 연습문제로 이루어져 있습니다. 단원별로 주요 주제와 문법 내용을 실례를 통해 자세히 설명하고, 관련한 다양한 연습문제를 수록하여 학습자들이 스스로 학습한 내용을 연습하고 확인할 수 있도록 하였습니다. 또한 문자 학습이라는 교재의 특성에 따라 펜습자 연습을 수록하여 학습자들이 충분히 연습할 수 있도록 하였습니다.
- 본 교재는 외국어로서 태국어와 문자를 학습하는 한국인들이 반드시 알아야 할 기초지식을 중점적으로 다루었습니다.
- 본 교재는 주교재의 개념이며, 관련한 강좌로는 국가평생교육원의 케이무크(K-MOOC) “태국어 문자와 기초회화”를 참고할 수 있습니다.

교재 구성

- 본 교재는 크게 4개의 장으로 구성되어 있습니다. 각 장은 다시 소단원으로 구분됩니다. 소단원별 학습 시간은 내용과 난이도에 따라 1시간에서 4시간으로 다양합니다. 수업 시간은 학습 현장 상황에 따라 조절이 가능하며 학습자의 학습 진도에 따라서도 유연하게 적용할 수 있습니다.
- 각 단원은 크게 이론 부분과 연습 부분으로 이루어집니다. 이론 부분은 단원별 중요 개념에 대한 설명이며, 이에 대한 다양한 예시와 연습 문제가 포함되어 있습니다. 연습문제의 해답은 부록으로 수록하여 학습자들이 스스로 평가 결과를 확인할 수 있도록 하였습니다.
- 본 교재에서는 자음과 모음을 알파벳 순서대로 일괄 학습하는 전통적 방식에서 벗어나, 자음과 모음을 순차적으로 결합해 나가며 점진적으로 알파벳을 학습하도록 함으로써 자칫 지루할 수 있는 태국어 문자 학습에서 학습자들이 흥미를 유지할 수 있도록 하였습니다. 자음과 모음을 익힘에 있어서는 쓰기 연습을 함께 할 수 있도록 펜습자 연습을 교재 본문에 삽입하였고, 추가적인 연습을 위해 이를 부록으로 함께 수록하였습니다. 또한 자음의 대표단어는 그림을 삽입하여 이해를 도왔습니다.
- 다양한 문법 개념의 설명에 있어서는 최대한 일반적인 어휘를 사용하여 언어학적 전문지식이 없어도 이해할 수 있도록 하였으며, 필요시 예외적 양상이나 한국어와의 비교설명 등을 추가하여 학습자의 이해를 도모하였습니다.
- 입문 단계의 교재임을 고려하여 본문에 등장하는 태국어 어휘는 한국어 음차 표기를 삽입하였습니다. 음차는 태국어 어휘의 실제 소리에 가장 가까운 한국어 표기를 원칙으로 하였으므로 국립국어원의 외래어 표기법에 따른 태국어 표기 원칙과는 차이가 있습니다. 함께 표시한 성조는 평성(mid tone, 0성) ā, 1성 (low tone) à, 2성 (falling tone) â, 3성 (high tone) á 및 4성 (rising tone) ǎ으로 음차의 상단에 부호로 표기하였습니다.

สารบัญ

차례

บทที่ 1

태국어와 태국문자 개관

1. 태국어와 타이족의 기원

1.1 타이족의 기원

고고학적 연구에 따르면 태국 지역에서 인류가 거주한 흔적은 2만년 전 구석기 시대까지 거슬러 올라간다. 유네스코 세계문화유산으로 지정된 태국 북동부의 "반치앙 유적"의 발견으로 이 지역이 기원전 4천년기 벼농사와 청동기문화 발전의 중심이었다는 것이 입증되기도 하였다. 현재 태국의 종족 구성비에서 대다수를 차지하는 타이족의 기원에 대해서는 중국 남하설과 토착민족 기원설, 남부 도서 지역 기원설 등 다양한 설이 있다. 이 중 비교적 유력한 남하설에 따르면, 기원전 2세기경부터 중국 남서부의 윈난 지역에서 거주하던 따이(Tai)족이 정치적 혹은 경제적 이유로 수 세기에 걸쳐 남하하여 현재의 태국의 북부 지역과 라오스의 북부 및 미얀마의 북동부 지역에 부분적으로 소국가를 형성하였다고 본다. 이후 12세기까지 동남아 지역에서 가장 강력한 제국을 건설했던 크메르가 13세기에 들어 몽골의 침입으로 세력이 약화하였고, 그 틈을 타 타이족 소왕국의 왕인 씨인트라팃(ศรีอินทราทิตย์ ˇ씨- ¯인 ¯트라- ˊ팃) 왕이 1238년 태국 중북부 쑤코타이(สุโขทัย ˋ쑤 ˇ코- ¯타이)를 도읍으로 하는 쑤코타이 왕국을 건국하여 짜오프라야강을 기반으로 발전하기 시작했다(한국태국학회, 『태국의 이해』, 2012:24-25). 태국인들은 타이족이 13세기에 건설한 왕국인 쑤코타이 왕국을 태국 최초의 왕조 역사로 여긴다.

1.2 태국어의 유형론적 특성

태국어(타이어)는 현재 인도차이나반도에 위치한 타이 왕국(ราชอาณาจักรไทย 라-ㅅ 차 아- 나- 짝 타이, Kingdom of Thailand) 또는 태국(ประเทศไทย 쁘라 테-ㅅ 타이, Thailand)의 국어로 사용되고 있는 언어이다.

언어학자들의 연구 결과에 의거하여 유형론적으로 어족을 살펴보면, 태국어는 중국 남부, 인도 북동부 및 동남아시아 등지에 널리 분포된 타이-까다이(Tai-Kadai) 어족에 속한 것으로 분류된다. 특히 라오(Lao), 샨(Shan), 흑타이(Black Tai), 아홈(Ahom)어와 더불어 타이제어 중 남서부 그룹(Southwestern group)의 언어에 속한다.

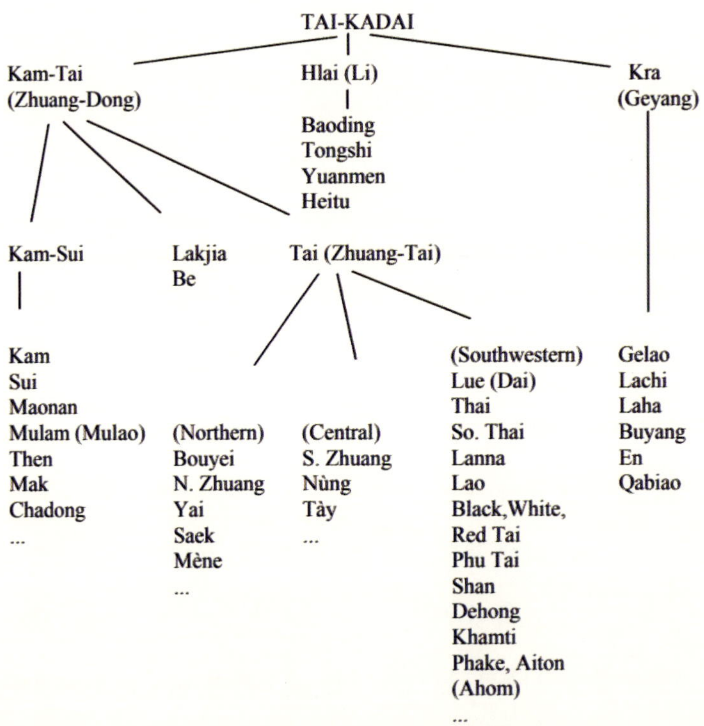

타이-까다이 어족 세부 구분
출처: Diller, Anthony. V.N. et al.(Ed.). 2008. *The Tai-Kadai Languages*. Routledge. p.7.

타이-까다이 어족에 속한 언어들의 주요 특징은 어형 변화가 없는 고립어이고 성조어라는 점이다. 또한 주어-동사-목적어의 어순을 가지며, 연속동사구문과 다양한 분류사가 발달해 있다. 타이-까다이 어족의 지역별 분포를 살펴보면 다음의 지도와 같다. 이 중 태국과 라오스, 미얀마 북동부 지역에 주로 분포하고 있는 어족이 바로 남서부 그룹(Southwestern group)의 언어들이다. 같은 그룹에 속한 라오스어와 태국어는 유사성이 매우 높다. 그러나 미얀마어는 시노-티베트(Sino-Tibetan)의 세부 어족인 티베트-버마(Tibeto Burman) 어족에 속해 있어 태국어와는 차이가 많다. 마찬가지로 크메르어 역시 오스트로아시아(Austroasiatic)의 세부 어족인 몬크메르(Mon-Khmer)라는 별개의 어족에 속해 있어 태국어와는 차이가 있다(태국 교육부 편저, 2011, บรรทัดฐานภาษาไทย[태국어 표준] 제1권 요약 인용). 다만, 태국어가 아유타야 시대 때 크메르어에서 왕실용어 등을 차용했기 때문에 어휘적 유사성을 찾을 수 있다.

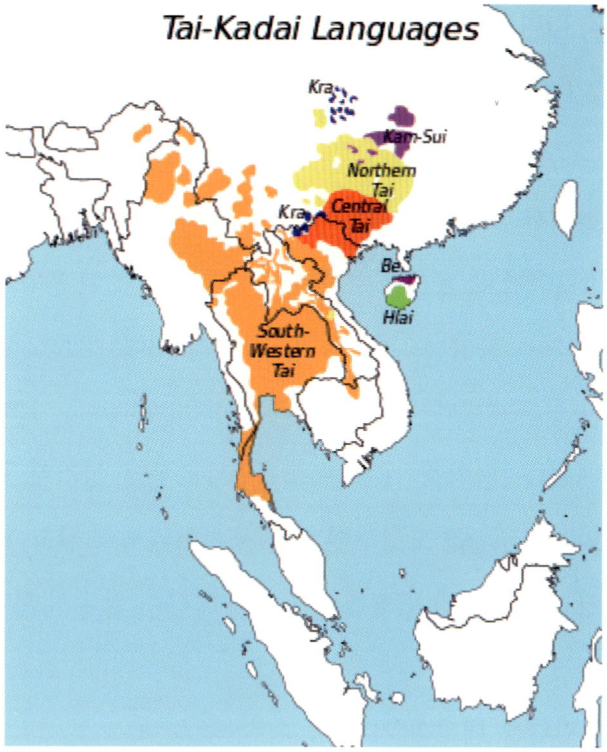

타이-까다이 어족 지역별 분포

2. 타이 문자

2.1 타이 문자의 기원

타이 문자는 한글보다 160년 빠른 1283년에 고안되었다. 창제가 아닌 "고안"이란 표현에서 유추할 수 있듯이, 타이 문자는 기존에 있던 문자를 바탕으로 하여 입말을 가장 효율적으로 표기할 수 있는 형태로 재창조된 문자다.

타이 문자는 쑤코타이 왕국의 3대 왕인 람캄행 대왕(พ่อขุนรามคำแหงมหาราช 퍼-쿤 라-ㅁ 캄 해-ㅇ 마 하-라-ㅅ, Ramkhamhaeng, 1279-1298년 재위)이 만든 것으로 전해진다. 람캄행 대왕은 스리랑카로부터 상좌부 불교(เถรวาท 테-라 와-ㅅ, Theravada Buddhism)를 도입하여 국가 통치이념으로 삼고, 라오스 및 버마 지역까지 영토를 확장하고 왕국의 번영을 이루어 쑤코타이 왕국의 황금기를 이끌어 낸 군주로도 잘 알려져 있다.

람캄행 대왕의 가장 큰 치적 중 하나는 타이 문자의 고안이다. 그 이전까지는 고유의 문자가 없어 서쪽에 강성하던 몬(Mon)족 문자를 빌려 적었던 것으로 전해진다. 이후 기존에 차용하던 몬족 문자와 크메르 문자의 흘림체에서 착안하여 타이 문자체계를 고안하게 된다.

쑤코타이 역사 공원에 위치한 람캄행대왕 동상

람캄행 대왕이 타이 문자를 고안해냈음을 알려주는 결정적 증거는 "람캄행 대왕 비문"이라 불리는 "쑤코타이 1호 비문"이 유일하다. 람캄행 대왕 비문은 높이 111㎝의 장방형 돌에 새겨진 금석문으로 사면에 글자가 기록이 되어 있다.

비문 내용을 보면 한 면에 "나의 아버지는 씨인 트라팃이고, 나의 어머니는 낭쓰앙이며, 나의 형은 반므앙이다…"로 시작해 아버지(1대 왕)와 형(2대 왕) 사후에 왕위를 물려받았다는 내용이 기록되어 있어 필자가 람캄행 대왕임을 유추할 수 있다. 또한 중반부로 가면 람캄행 대왕 시기 쑤코타이 왕국의 풍요로움과 각종 풍속이 묘사되어 있다. 특히 "라이쓰타이(타이 문자)가 없어 백성의 편의를 위해 1283년 문자를 만들었다"는 내용이 기록되어 있다. 이 쑤코타이 1호 비문은 문자 제정의 증거 자료일 뿐 아니라, 쑤코타이의 시대상을 보여주는 가장 중요한 기록물 중 하나로 인용되고 있다.

"람캄행대왕 비문"은 2003년 유네스코 세계기록유산으로 등재되었다. 사진은 방콕 국립박물관에 소장된 원본

람캄행대왕 비문의 내용에 근거할 때, 1283년 타이 문자체계 정립은 언문일치를 이뤄낸 획기적인 사건이다. 특히 남인도계 문자를 수용한 다른 나라 문자의 경우 자신들의 말소리를 제대로 표기해 내지 못하고 문맥을 고려해 여러 가지로 읽어야 하는 불편이 있었던 것에 비해, 타이 문자는 발음되는 모든 모음 소리를 제대로 기록할 수 있고, 성조부호를 추가함으로써 성조까지도 모두 표기할 수 있게 되었다.

람캄행대왕 비문 1면의 탁본 모습

타이 문자의 자음은 "꺼- 까이"와 "터- 통" 두 자를 제외하고는 모두 동그라미에서 시작해 그림을 그리듯 직선과 곡선이 어우러지며 획을 그린다. 초기인 쑤코타이 1호 비문까지 거슬러 올라가 살펴보면 현재의 표기 형태와 많이 달라 해석본 없이는 이해가 어렵다. 타이 문자는 17세기 말 아유타야 왕국 나라이 왕 때 현재의 모습이 갖추어지기 시작했다.

2.2 타이 문자의 특성

타이 문자는 브라흐미계 문자로, 남인도 문자의 영향을 받은 동남아시아 여러 문자와 함께 '아부기다 문자'로 분류된다. 아부기다 문자는 음절 문자가 음소 문자로 발달하는 중간 단계에 있는 문자라 할 수 있다. 즉, 자음과 내재 모음을 포함하는 기호가 하나의 단위음절을 이루고, 그 외의 모음을 표기하기 위해서는 별도의 기호를 이용하여 표기하는 문자체계를 말한다. 많은 아부기다 문자들은 자음에 [아]를 품고 있는데 반해, 타이 문자는 자음에 기본적으로 **[어-]** 모음이 들어 있으며, 다른 모음 소리를 원하면 해당 모음을 결합해 대체한다.

태국어 학습자가 초기에 겪는 가장 큰 어려움은 바로 타이 문자를 익히는 것이다. 태국어의 자음은 모두 44자로 현재는 42자만 사용되고 있다. 모음은 21개 기호가 있는데 이 모음들이 홀로 쓰이거나 또는 다른 모음과 결합하여 32개의 모음을 표기한다. 이 밖에도 4개 성조부호와 9개의 고유 숫자 및 다수의 특수기호까지 합하면 100여 개의 문자를 완전히 익혀야만 태국어를 제대로 읽을 수 있다. 그래서 제대로 태국어와 문자를 배우고자 하는 외국인 학습자는 초기에 많은 의지와 인내심이 필요하다. 그러나 태국어는 어형의 변형이 없는 고립어로서 문법이 상대적으로 용이하기 때문에 초기의 문자와 성조의 장벽을 넘어서면 문장 단위에서의 학습은 훨씬 수월하게 느껴지는 언어이다.

자모음 글자 수가 많고 같은 소리인데도 어원과 의미에 따라 다른 자음을 사용해 표기하는 번거로움, 어원 표기를 위해 소리가 나지 않는 음절을 표기하고 묵음 부호를 붙여 단음절화하거나 음절 수를 줄이는 수고를 없애기 위해, 20세기 중반 태국에서도 라오스와 마찬가지로 문자혁명 시도가 있었다. 그러나 언중의 호응을 얻지 못해 수포로 돌아갔다. 타이 문자를 배우는 것은 태국의 언어와 문화, 그리고 정체성을 이해하기 위한 첫걸음이며 중요한 과정이라고 할 수 있다.

3. 태국어의 특성

3.1 고립어

태국어는 **고립어**로서 어형의 변화가 없다. 즉, 어휘가 문장 안에서 다른 성분들과의 문법적 관계를 나타내기 위한 어형의 변화가 없기 때문에, 성, 수, 격 그리고 시제와 상, 서법, 태 등의 문법 관계는 특정한 어휘나 어순에 의하여 실현된다.

예

กินข้าว	낀 카-우	: 밥을 먹는다.
จะกินข้าว	짜 낀 카-우	: 밥을 먹을 것이다.
กินข้าวไหม	낀 카-우 마이	: 밥을 먹겠느냐?
ให้กินข้าว	하이 낀 카-우	: 밥을 먹이다.

ผมรักคุณ	폼 락 쿤	: 나는 당신을 사랑한다.
คุณรักผม	쿤 락 폼	: 당신은 나를 사랑한다.

แม่ให้เงินลูก	매- 하이 응으ㅓ-ㄴ 루-ㄱ	: 엄마-주다-돈-자식 : 엄마가 자식에게 돈을 준다.
ลูกให้เงินแม่	루-ㄱ 하이 응으ㅓ-ㄴ 매-	: 자식-주다-돈-엄마 : 자식이 엄마에게 돈을 준다.

3.2 성조어

태국어는 **성조어**다. 성조는 자모음과 마찬가지로 태국어의 음절을 구성하는 요소이며, 모든 음절에 성조가 있다. 성조는 변별력을 지닌 음소이므로 자모음이 같아도 성조가 다르면 의미가 달라진다. 성조는 제한된 양의 기호로 많은 의미를 나타내기 위한 언어적 전략의 하나이다. 태국어에는 5가지의 성조가 있으며, 그 구분은 다음과 같다.

- 소리의 높이가 일정한 성조

1성(Low tone) : 소리의 높이 120Hz에서 시작하여 110Hz까지 서서히 떨어지는 소리

평성(Mid tone) : 소리의 높이가 120Hz에서 시작하여 그 높이를 유지하다가 끝머리에서 110Hz로 떨어지는 소리

3성(High tone) : 소리의 높이가 125Hz에서 시작하여 135~140Hz까지 서서히 올라가는 소리

- 소리의 높이에 변화가 큰 성조

2성(Falling tone) : 소리의 높이가 140Hz에서 시작하여 1/4 정도까지 그 높이를 유지하다가 100Hz 이하로 떨어지는 소리

4성(Rising tone) : 소리의 높이가 110Hz에서 시작하여 조금 떨어지다가 140Hz까지 급격히 높아지는 소리

상기 성조를 그래프로 나타내면 다음과 같다.

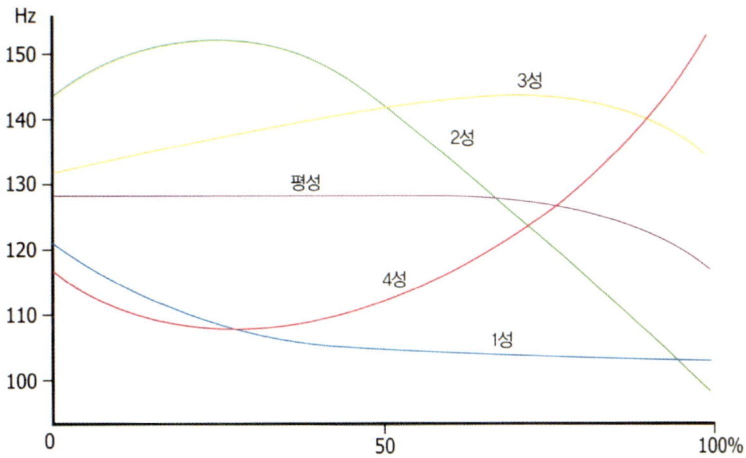

กา	ก่า	ก้า	ก๊า	ก๋า
¯ 까-	ˋ 까-	^ 까-	ˊ 까-	ˇ 까-
คา	ข่า	ข้า	ค้า	ขา
¯ 카-	ˋ 카-	^ 카-	ˊ 카-	ˇ 카-

3.3 어순과 음절 구조

태국어의 문장 구조는 주어-동사-목적어 순의 **SVO형** 구조를 갖고 있으며 특별한 경우를 제외하고는 형용사나 부사 등 꾸미는 말이 꾸밈을 받는 말의 뒤에 온다. 음절구성에 있어서는 (C)CV(C)^T, 즉 (자음)자음+모음+(자음)의 형태를 갖는다. 부연하면, 음절의 최소 단위는 하나의 자음과 하나의 모음으로 이루어져 있으며, 초자음은 최대 두 개, 모음은 최대 하나가 올 수 있고 종자음 역시 최대 하나가 올 수 있다. 모음은 단순모음 중 단모음이나 장모음, 또는 이중모음이나 특수모음 등이 올 수 있다. 또한, 모든 음절에 하나의 성조가 있다.

예	ฉันกินข้าว	찬 낀 카-우	나는-먹다-밥	: 나는 밥을 먹는다.
	ดินสอดำ	딘 써- 담	연필-검다	: 검은 연필 / 연필이 검다.

3.4 형태적 특성

순수 태국어는 **단음절어**로 되어 있다. 다음절어는 주로 산스크리트어와 팔리어에서 차용한 단어가 대부분인데, 이러한 다음절어로 된 차용어의 경우에는 음절 수를 줄여서 사용하려는 경향이 강하여, 표기는 유지하면서 묵음부호를 붙여 발음은 하지 않는 단어가 많다. 또한 태국어에서는 마침표, 쉼표 등의 문장부호를 사용하지 않는다.

예								
순수 태국어	พ่อ	퍼-	: 아빠		แม่	매-	: 엄마
	ไป	빠이	: 가다		มา	마-	: 오다
차용어	สิทธิ	씻 티	: 권리	→	สิทธิ์	씻	: 권리
	จันทรา	짠 트라-	: 달	→	จันทร์	짠	: 달
	อาจารย์	아- 짜-ㄴ	: 교수님				
	เซ็นเตอร์	쎈 뜨ㅓ-	: 센터				

3.5 대우법 발달

태국에서는 사회적 지위와 신분에 따라 어법을 달리하는 **대우법(공손표현)**이 발달해 있다. 대우법은 명사와 대명사, 일부 동사, 어조사 등을 통해 구현된다. 특히 불교 관련 용어와 왕실용어는 매우 복잡한 체계로 되어 있어 일반인들은 따로 학습하지 않으면 사용하기가 어려울 정도다. 일상 대화에서 상대와 상황에 적합한 대우법에 따른 태국어를 익혀둘 필요가 있다.

예 섭취동사의 다양한 예시

แดก	대-ㄱ	: (처)먹다
กิน	낀	: 먹다
ทาน	타-ㄴ	: 드시다
รับประทาน	랍 쁘라 타-ㄴ	: 식사하다(공식)
เสวย	싸 워-이	: (왕이) 수라를 들다
ฉัน	찬	: (스님이) 공양하다

3.6 동음어 발달

태국어에는 **동음이의어**와 **동형이의어**가 많다. 동음이의어는 언어에서 일반적으로 발견되는 현상이다. 태국어의 경우는 소리와 형태가 모두 같은 동음(동형)이의어 외에도, 소리가 같지만 형태는 다른 자음이 여러 개 존재하기 때문에, 소리는 같으나 표기가 다르고 (동음이형) 따라서 의미도 다른 경우가 자주 발생한다. 동형이의어는 형태가 같고 의미가 다른 어휘를 말한다. 일반적인 동형이의어 외에도 단어 간 띄어쓰기가 없는 이유로 의미의 차이가 생겨나는 경우도 있다.

예

ค่า		카-	: 가치
ฆ่า		카-	: 죽이다
ข้า		카-	: 본인, 나
กัน		깐	: 1. 막다, 저지하다 2. 함께, 서로
ตากลม	ตา-กลม	따- 끌롬	: 눈이 동그랗다
	ตาก-ลม	따-ㄱ 롬	: 바람을 쐬다

3.7 합성어 발달

태국어는 **합성어**가 발달해 있다. 태국어에는 접사가 거의 없기 때문에 어형의 변화 없이 단어의 반복이나 합성을 통해 다양한 어휘를 만들어낸다. 특히 비슷한 의미나 반대의 의미를 가진 두 개 이상의 단어를 합성하여 만드는 동의/유의/반의 합성어가 많다.

예		
บ้านเรือน	바-ㄴ 르-안	: '집' + '집'= '집'
สะดวกสบาย	싸 두-악 싸 바-이	: '편리하다' + '편안하다' = '편하다'
ดูแล	두- 래-	: '보다' + '보다' = '돌보다'
แพ้ชนะ	패- 차 나	: '패' + '승' = '승패'

3.8 분류사의 발달

태국어에서 셀 수 있는 대상을 가리키는 명사는 일정한 **분류사**(ลักษณนาม, 락 싸 나 나-ㅁ)를 갖고 있으며, 명사구 내에서 명사가 수사나 지시형용사 등과 함께 나타날 때 분류사가 사용된다. 태국어의 분류사는 선행 명사를 세는 단위로서 기능할 뿐만 아니라 그 명사가 어떤 형태인지를 보여주는 기능을 한다. 즉, 우리말과 같은 수분류사(수량사)의 역할 뿐 아니라 대명사의 기능을 하기도 한다.

예		
คน	콘	: 사람을 셀 때 사용하는 분류사
ตัว	뚜-아	: 동물, (팔다리가 있는) 옷가지, 책걸상 등에 사용하는 분류사
คัน	칸	: 차, 우산, 포크나 숟가락 등을 셀 때 사용하는 분류사
เล่ม	레-ㅁ	: 책, 노트, 작은 칼 등을 셀 때 사용하는 분류사

3.9 지역별 방언

태국은 동서 및 남북으로 길게 뻗어있고, 다양한 종족과 문화가 공존하는 사회이기 때문에 **지역별 방언**이 다양하게 존재한다. 북부는 북부 방언이 있고, 동북부의 경우 동북부 방언을 사용하는데 이는 라오스어와 유사성이 높다. 남부 역시 남부 방언이 있고 말레이 접경 지역의 많은 무슬림들은 말레이어의 방언인 야위어를 사용하기도 한다.

MEMO

บทที่ 2

태국어 자모음과 음절

1. 태국어의 자음

태국어의 자음은 각각의 이름을 가지고 있는데, 그 이름은 〈자음의 음가+대표단어〉로 구성되어 있다. 예컨대, ก [꺼-까이] 라는 이름은 자음 ก가 초자음에서 쓰였을 때의 음가에 장모음 “ㅓ-”를 붙인 음절과, 그 자음이 사용된 대표단어 “까이”가 합쳐져 ก의 이름이 된다. “까이”는 ‘닭’이라는 뜻이다. 자음 ก 꺼- 까이와 ธ 터- 통을 제외한 모든 자음에는 머리(หัว 후-아)라고 부르는 동그라미가 있는데, 이런 자음들은 쓸 때 머리부터 시작해서 쓴다.

1.1 태국어 자음 명칭(알파벳 순)

태국어 자음은 총 44자로 이 중 ฃ 커- 쿠-앗과 ฅ 커- 콘의 두 자는 현재 쓰이지 않으므로 총 42자이다.

ก ไก่

꺼- 까이

ข ไข่

커- 카이

ฃ ขวด

커- 쿠-앗

ค ควาย

커- 콰-이

ฅ คน

커- 콘

ฆ ระฆัง

커- 라 캉

ง งู

응(ng)어- 응우-

จ จาน

쩌- 짜-ㄴ

ฉ ฉิ่ง

처- 칭

ช ช้าง

처- 차-ㅇ

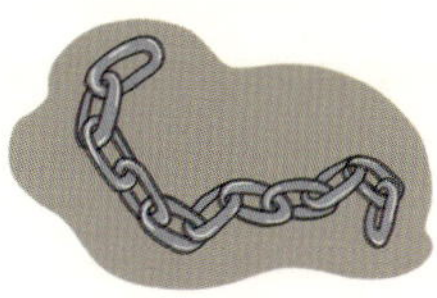

ซ โซ่

써- 쏘-

ฌ เฌอ

처- 츠ㅓ-

ญ หญิง

여(y)- 잉

ฎ ชฎา

더- 차 다-

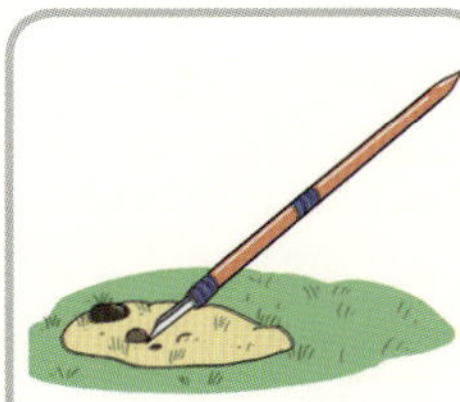

ฏ ปฏัก

떠- 빠 딱

ฐ ฐาน

터- 타-ㄴ

ฑ มณโฑ

터- 몬 토-

ฒ ผู้เฒ่า

터- 푸- 타우

ณ เณร

너- 네-ㄴ

ด เด็ก

더- 덱

ต เต่า

떠- 따우

ถ ถุง

터- 퉁

ท ทหาร

터- 타 하-ㄴ

ธ ธง

터- 통

น หนู

너- 누-

บ ใบไม้

버- 바이 마이

ป ปลา

뻐- 쁠라-

ผ ผึ้ง

퍼- 픙

ฝ ฝา

풔(f)- 퐈-

พ พาน

퍼- 파-ㄴ

ฟ ฟัน

풔(f)- 퐌

ภ สำเภา

퍼- 쌈 파우

ม ม้า

머- 마-

ย ยักษ์

여(y)- 약

ร เรือ

러(r)- 르-아

ล ลิง

러(l)- 링

ว แหวน

워(w)- 왜-ㄴ

ศ ศาลา

써- 싸(ㄹ)- 라-

ษ ฤษี

써- 르- 씨-

ส เสือ

써- 쓰-아

ห หีบ

허- 히-ㅂ

ฬ จุฬา

러(l)- 쭈(ㄹ) 라-

อ อ่าง

어- 아-ㅇ

ฮ นกฮูก

허- 녹 후-ㄱ

1.2 태국어 자음 음소

태국어 자음은 총 21개의 음소를 가지고 있다. 자음 음소는 조음 위치와 방법에 따라 다음과 같은 표로 나타낼 수 있다.

조음방법 \ 조음위치		양순음	순치음	치조음	치경 경구개음	구개음	연구개음	성문음
파열음	유기	**ph** พ		**th** ท			**kh** ค	
파열음	무기	**p** ป **b** บ		**t** ต **d** ด			**k** ก	**ʔ** อ
마찰음			**f** ฟ	**s** ซ				**h** ฮ
파찰음	유기				**ch** ช			
파찰음	무기				**c** จ			
비음		**m** ม		**n** น			**ng** ง	
설측음				**l** ล				
반전음 (굴림소리)				**r** ร				
반모음		**w** ว				**j** ย		

위의 표를 보면, 우리말에 있는 기역, 지읒, 시옷 소리가 태국어에는 없고, 우리 말에는 없는 [f], [ng](초성), [w], [j] 등의 소리가 태국어에는 있는 것을 볼 수 있다. 또 태국어 초성에서 [l] 소리와 [r] 소리는 서로 구분되는 별개의 음소이다.

또한 태국어 자음의 순서는 조음위치와 일련의 상관관계가 있다.

조음위치·(방법)	중자음	고자음	저자음	
			짝음 자음	홀음 자음
연구개(velar)	ก	ข ฃ	ค ฅ ฆ	ง
치경경구개/구개음 (palatal)	จ	ฉ	ช ซ ฌ	ญ
치조음(Alveolar)	ฎ ฏ	ฐ	ฑ ฒ	ณ
	ด ต	ถ	ท ธ	น
양순(bilabial) 순치(labiodental)	บ ป	ผ ฝ	พ ภ ฟ	ม
(공명(sonorant)) (반모음(semi-vowel))				ร ล (ฬ) ย ว
(마찰음)		ศ ษ ส		
성문음(glottal)	อ	(ห)	ฮ	

태국어 저자음 중에서는 고자음과 소리가 같은 자음이 있는 짝음 저자음과 같은 음이 없는 홀음 저자음이 있다. 이 중에서 **홀음 저자음**은 주로 비강에서 소리가 나는 비음, 공명음과 반모음으로 이루어져 있으며, 고자음과 중자음 뒤에 바로 나타나는 경우 앞에 오는 자음으로부터 성조의 영향을 받는다.

1.3 태국어 자음의 삼분법

태국어 자음은 성조와 관련하여 다음과 같이 고자음, 중자음, 저자음으로 삼분(ไตรยางศ์ 뜨라이 야-ㅇ)할 수 있다.

(1) 중자음(อักษรกลาง 악 써-ㄴ 끌라-ㅇ) (9자)

ก จ ฎ ฏ ด ต บ ป อ

(2) 고자음(อักษรสูง 악 써-ㄴ 쑤-ㅇ) (11자)

ข ฃ ฉ ฐ ถ ผ ฝ ศ ษ ส ห

(3) 저자음(อักษรต่ำ 악 써-ㄴ 땀) (24자)

ค ฅ ฆ ง ช ซ ฌ ญ ฑ ฒ ณ ท

ธ น พ ฟ ภ ม ย ร ล ว ฬ ฮ

2. 태국어의 모음

태국어의 모음은 총 21개의 기호를 활용하여 다양한 조합을 통해 32개의 소리를 나타낸다. 모음은 단순모음, 이중모음, 특수모음으로 크게 삼분할 수 있다. 모음을 적을 때는 자음과 마찬가지로 동그라미가 있으면 동그라미부터 시작해서 쓴다. 모음은 자음의 상하좌우에 모두 위치할 수 있다.

2.1 단순모음(สระเดี่ยว 싸 라 디-아우, monophthong)

단순모음은 발음할 때 입 모양이 변하지 않는 모음을 말한다. 태국어에는 총 9개 쌍, 18개의 단순모음이 있다.

1	อะ	아 / a	อา	아- / aː
2	อิ	이 / i	อี	이- / iː
3	อึ	으 / ɯ	อือ	으- / ɯː
4	อุ	우 / u	อู	우- / uː
5	เอะ	에 / e	เอ	에- / eː
6	แอะ	애 / æ	แอ	애- / æː
7	โอะ	오 / o	โอ	오- / oː
8	เอาะ	어 / ɔ	ออ	어- / ɔː
9	เออะ	으ㅓ / ə	เออ	으ㅓ- / əː

*각 모음의 표기에서 อ은 자음이 들어가는 위치를 표시하고 있다.

위의 표에서 볼 수 있듯이, 단순모음은 단모음과 장모음이 쌍을 이루고 있으며, 장단음에 따라 의미가 달라지므로 주의해야 한다. 이 밖에도 태국어 모음에서 주의해야 할 점은 다음과 같다.

(1) 단모음 อะ는 다른 모음과 함께 쓰일 때는 단모음화 부호로 기능하기도 한다.

(2) 단모음과 장모음은 대부분 형태적 연관성이 있으나, [어]의 경우 เอาะ와 ออ로 형태가 완전히 다르다.

(3) 장모음 [으-]는 종자음이 없을 때는 반드시 뒤에 อ를 써 주어야 하며, 이때 อ은 발음하지 않는다.

(4) 모음 [으ㅓ]는 [으]와 [어]의 중간 소리를 단번에 내야 하는 단순모음이므로 이중모음 [으어]로 발음해서는 안 된다.

(5) 현대 한국어에서는 [에] 와 [애] 소리가 점차 변별력이 없어지고 있어, "게"와 "개"를 거의 같은 소리로 발음한다. 그러나 태국어 모음에서는 [에] 와 [애] 소리는 완전히 별개의 음소이다. [에]는 입을 조금 벌리고, [애]는 상대적으로 입을 더 많이 벌려 정확히 구분하여 발음해야 한다.

태국어의 단순모음(monophthong)을 조음 시 혀의 위치와 입술 모양에 따라서 도표로 나타내면 다음과 같다.

혀의 위치	전설(앞)	중설(가운데)	후설(뒤)
입술 모양	평순	평순	원순
모음 길이 / 혀의 높이	단 장	단 장	단 장
고	i iː	ɯ ɯː	u uː
중	e eː	ə əː	o oː
저	æ æː	a aː	ɔ ɔː

2.2 이중모음(สระประสม 싸 라 쁘라 쏨, diphthong)

이중모음(또는 복합모음, 결합모음)은 발음을 시작할 때와 끝날 때의 입 모양이 변화되는 모음을 말한다.

เอียะ	이아 / ia	เอีย	이-아 / i:a
เอือะ	으아 / ɯa	เอือ	으-아 / ɯ:a
อัวะ	우아 / ua	อัว	우-아 / u:a

짧은 이중모음에는 단모음 อะ가 우측에 붙어 단모음화 기호로 사용된다. 이중모음 중 주로 많이 사용되는 것은 상단 표 우측의 장모음들인데, 발음할 때는 첫 번째 모음을 길게 발음하고 입 모양이 바뀌면서 [아] 모음으로 끝나게 된다. 한편, 단모음의 이중모음은 주로 의성어, 의태어 등에 많이 사용되며 일반적인 어휘에는 잘 쓰이지 않는다.

태국어의 이중모음을 모음 삼각도로 나타내면 다음과 같다.

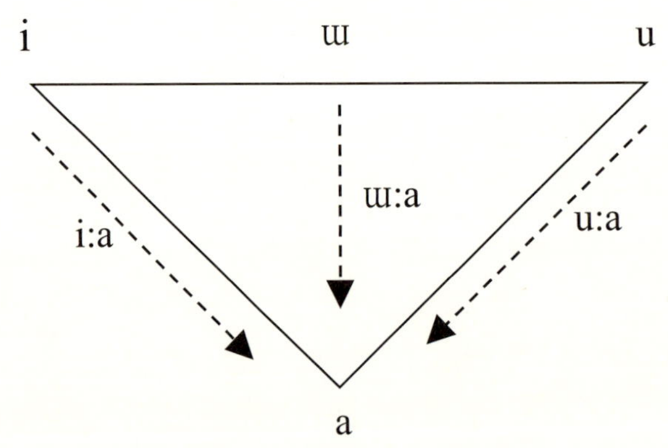

2.3 특수모음(สระเกิน 싸̀ 라̀ 끄ㅓ̄-ㄴ)

특수모음은 자음과 결합해 있어 일반적으로는 모음이라고 여기기 어려운 특수한 모음으로 다음과 같은 두 가지가 있다.

2.3.1 반음절모음

반음절(半音節)모음은 모음과 종자음이 결합한 형태의 모음이다. 명칭상 모음이라고 부르지만, 실제로는 특정 종자음이 포함되어 있고, 다른 종자음 소리가 오는 경우가 없다. 반음절모음은 기본 어휘에 매우 높은 빈도로 사용되는 모음들이다.

อำ	암 / am [a + m]	ใอ	아이 / ay [a + y]
ไอ	아이 / ay [a + y]	เอา	아우 / aw [a + w]

이 중, ใอ와 ไอ는 과거에는 다른 음소였으나 현대 태국어에서는 같은 소리로 발음된다. 그러나 두 모음은 사용되는 어휘별로 분포가 다르므로 철자를 암기할 때 주의해야 한다.

2.3.2 음절모음

음절모음은 산스크리트어 계통의 모음으로, 자음과 결합하여 하나의 음절을 이루고 있는 모음이다. 음절모음은 [r] 단모음과 장모음, [l] 단모음과 장모음의 총 4개가 있다.

ฤ	르 / rɯ, 리 / ri, 르ㅓ / rə	ฤๅ	르- / rɯː
ฦ	르 / lɯ	ฦๅ	르- / lɯː

산스크리트어 계통의 음절 모음은 현대 태국어에서는 거의 사용되지 않고 주로 고어나 시어 등에서 사용된다. 이 중에서 비교적 사용 빈도가 높은 ฤ의 경우, ฤดู [르-두 르 두-] อังกฤษ [อัง-กริด 앙 끄릿] ฤกษ์ [เริก 르ㅓ-ㄱ] 등에서 볼 수 있듯이, 사용된 환경에 따라 [르], [리], [르ㅓ] 등으로 다양하게 발음된다. 예컨대, 초성에 오면 주로 [르]로 소리 나는 경우가 많고, ก ต ท ป 등의 뒤에서는 주로 [ริ]로 소리 나며, ค ด น ม ห 뒤에 오면 คะรึ ดะรึ นะรึ มะรึ หะรึ 등으로, พ나 ค의 뒤에서는 พรึ ครึ로 소리 나는 경우가 많다.

3. 태국어 자모음 결합 연습

3.1 중자음 9자 + 단순모음 아, 이, 으, 우 결합 연습

3.1.1 중자음 9자

자음	음가		명칭	대표단어 의미
	초성	종성		
ก	k	k	ก ไก่ 꺼- 까이	닭
จ	c	t	จ จาน 쩌- 짜-ㄴ	접시
ฎ	d	t	ฎ ชฎา 더- 차 다-	무용용관
ฏ	t	t	ฏ ปฏัก 떠- 빠 딱	장대
ด	d	t	ด เด็ก 더- 덱	아이
ต	t	t	ต เต่า 떠- 따우	거북이
บ	b	p	บ ใบไม้ 버- 바이 마이	나뭇잎
ป	p	p	ป ปลา 뻐- 쁠라-	물고기
อ	ʔ	-	อ อ่าง 어- 아-ㅇ	대야, 욕조

중자음 (9자) 쓰기 연습

ก ไก่

จ จาน

ฎ ชฎา

ฏ ปฏัก

ด เด็ก

ต

ต เต่า

บ

บ ใบไม้

ป

ป ปลา

อ

อ อ่าง

3.1.2 단순모음 아, 이, 으, 우

อะ	아 / a	อา	아- / a:	อิ	이 / i	อี	이- / i:
อึ	으 / ɯ	อือ	으- / ɯ:	อุ	우 / u	อู	우- / u:

단순모음 아, 이, 으, 우 쓰기 연습

อะ

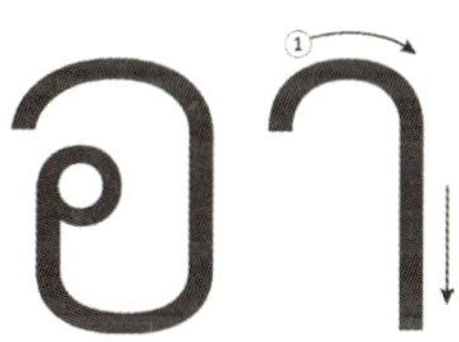

อา

อิ

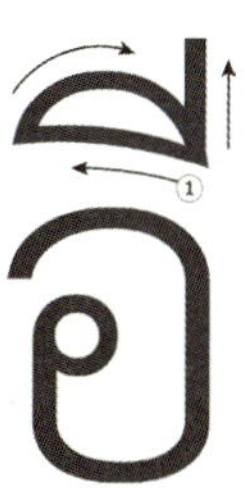

อี

อึ

อือ

อุ

อู

결합 예시

초자음		모음		단어	발음	의미
ก	+	า	=	กา	까-	까마귀
จ	+	ะ	=	จะ	짜	~할 것이다 (미래 시상)
ต	+	า	=	ตา	따-	외할아버지, 눈, 그물망
ป	+	ี	=	ปี	삐-	해, 년
ด	+	ู	=	ดู	두-	보다
ด	+	ี	=	ดี	디-	좋다
ต	+	ี	=	ตี	띠-	때리다, 치다
ป	+	ู	=	ปู	뿌-	게

3.2 고자음 11자 + 단순모음 에, 애, 오, 어, 으ㅓ 결합 연습

3.2.1 고자음 11자

자음	음가		명칭		대표단어 의미
	초성	종성			
ข	kh	k	ข ไข่	커- 카이	알
ฃ	kh	k	ฃ ขวด	커- 쿠-앗	병
ฉ	ch	t	ฉ ฉิ่ง	처- 칭	작은 징
ฐ	th	t	ฐ ฐาน	터- 타-ㄴ	종자음대, 근간
ถ	th	t	ถ ถุง	터- 퉁	봉지, 자루
ผ	ph	p	ผ ผึ้ง	퍼- 픙	벌
ฝ	f	p	ฝ ฝา	풔(f)- 퐈-	뚜껑
ศ	s	t	ศ ศาลา	써- 싸(ㄹ)- 라-	정자(亭子)
ษ	s	t	ษ ฤๅษี	써- 르- 씨-	도사, 산신
ส	s	t	ส เสือ	써- 쓰-아	호랑이
ห	h	-	ห หีบ	허- 히-ㅂ	상자, 궤

고자음(11자) 쓰기 연습

ข

ข ไข่

ฃ

ฃ ขวด

ฉ

ฉ ฉิ่ง

ฐ

ฐ ฐาน

ถ

ถ ถุง

ผ ผึ้ง

ฝ ฝา

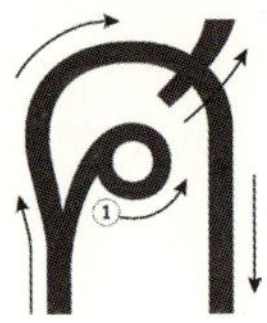

ศ ศาลา

ษ ฤาษี

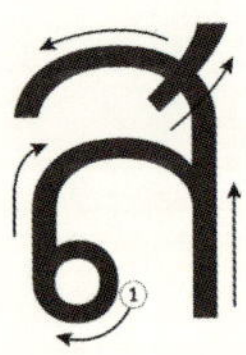

ส เสือ

ห

ห หีบ

3.2.2 단순모음 에, 애, 오, 어, 으ㅓ

เอะ	에 / e	**เอ**	에- / eː	**แอะ**	애 / æ	**แอ**	애- / æː
โอะ	오 / o	**โอ**	오- / oː	**เอาะ**	어 / ɔ	**ออ**	어- / ɔː
				เออะ	으ㅓ / ə	**เออ**	으ㅓ- / əː

단순모음 에, 애, 오, 어, 으ㅓ 쓰기 연습

เอะ

เ-ะ

เอ

เ-

แอะ

แ-ะ

แอ

แ-

โอะ

โ-ะ

โอ

โ-

เอาะ

เ-าะ

-อ

เ-อะ

เ-อ

결합 예시 – 중자음, 고자음, 단순모음 9쌍

초자음		모음		단어	발음	의미
ฝ	+	า	=	ฝา	ˇ파-(faa)	뚜껑
ห	+	อ	=	หอ	ˇ허-	기숙사, 숙소, 건물
ถ	+	เ-อะ	=	เถอะ	ˋ터	~하자, 합시다
ต	+	เ-ะ	=	เตะ	ˋ떼	(발로) 차다
ก	+	เ-าะ	=	เกาะ	ˋ꺼	섬
จ	+	เ-อ	=	เจอ	¯쯔ㅓ-	만나다
ถ	+	ื	=	ถือ	ˇ트-	들다
ข	+	อ	=	ขอ	ˇ커-	주세요, 요청하다

3.3 저자음(1) 12자 + 이중모음 결합 연습

3.3.1 저자음 12자

자음	음가		명칭		대표단어 의미
	초성	종성			
ค	kh	k	ค ควาย	커- 콰-이	물소
ฅ	kh	k	ฅ คน	커- 콘	사람
ฆ	kh	k	ฆ ระฆัง	커- 라 캉	종
ง	ng	ng	ง งู	응(ng)어- 응우-	뱀
ช	ch	t	ช ช้าง	처- 차-ㅇ	코끼리
ซ	s	t	ซ โซ่	써- 쏘-	사슬
ฌ	ch	t	ฌ เฌอ	처- 처-	나무, 수목
ญ	y	n	ญ หญิง	여(y)- 잉	여자
ฑ	th	t	ฑ มณโฑ	터- 몬 토-	여자 이름
ฒ	th	t	ฒ ผู้เฒ่า	터- 푸- 타우	노인
ณ	n	n	ณ เณร	너- 네-ㄴ	수련승
ท	th	t	ท ทหาร	터- 타 하-ㄴ	군인

저자음(12자) 쓰기 연습

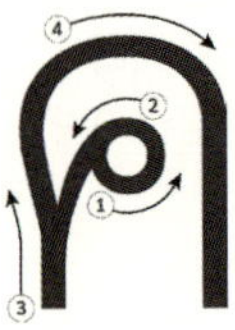

ค ควาย

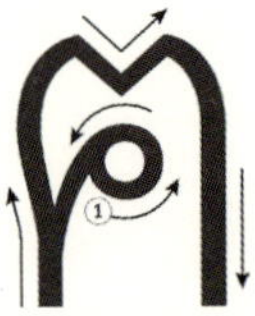

ฅ คน

ฆ ระฆัง

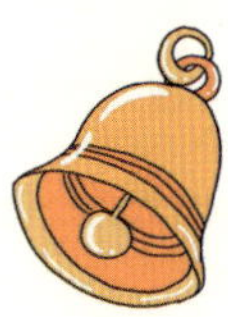

ง งู

ช ช้าง

ซ

ซ โซ่

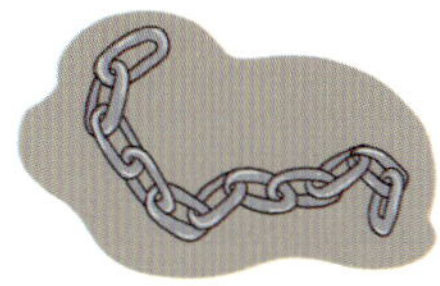

ฌ

ฌ เฌอ

ญ

ญ หญิง

ฑ

ฑ มณโฑ

ฒ

ฒ ผู้เฒ่า

ณ ณ เณร

ณ ณ ณ ณ

ณ ณ ณ ณ

ท ท ทหาร

ท ท ท ท

ท ท ท ท

3.3.2 이중모음

เอียะ	이아 / ia	เอีย	이-아 / i:a
เอือะ	으아 / ɯa	เอือ	으-아 / ɯ:a
อัวะ	우아 / ua	อัว	우-아 / u:a

이중모음 쓰기 연습

เอียะ เอียะ

เ ียะ เ ียะ เ ียะ

เอียะ เอียะ เอียะ

เอีย

เอือะ

เอือ

อัวะ

อัว

결합 예시

초자음		모음		단어	발음	의미
ส	+	เ ีย	=	เสีย	씨-아	상하다, 버리다, 잃다
ห	+	ัว	=	หัว	후-아	머리
ค	+	ื	=	คือ	크-	~이다
ช	+	า	=	ชา	차-	차(茶), 마비되다
บ	+	ัว	=	บัว	부-아	연, 연꽃
ง	+	ู	=	งู	응우-	뱀
ต	+	ัว	=	ตัว	뚜-아	몸, 자신, 마리
ค	+	อ	=	คอ	커-	목

3.4 저자음(2) 12자 + 특수모음 결합 연습

3.4.1 저자음 12자

자음	음가		명칭		대표단어 의미
	초성	종성			
ธ	th	t	ธ ธง	터- 통	기, 깃발
น	n	n	น หนู	너- 누-	쥐
พ	ph	p	พ พาน	퍼- 파-ㄴ	쟁반, 종자음
ฟ	f	p	ฟ ฟัน	풔(f)- 퐌	이, 치아
ภ	ph	p	ภ สำเภา	퍼- 쌈 파우	범선
ม	m	m	ม ม้า	머- 마-	말
ย	y	y	ย ยักษ์	여(y)- 약	도깨비
ร	r	n	ร เรือ	러(r)- 르-아	배
ล	l	n	ล ลิง	러(l)- 링	원숭이
ว	w	w	ว แหวน	워(w)- 왜-ㄴ	반지
ฬ	l	n	ฬ จุฬา	러(l)- 쭈(ㄹ) 라-	연(鳶)
ฮ	h	-	ฮ นกฮูก	허- 녹 후-ㄱ	부엉이

저자음(12자) 쓰기 연습

ธ

ธ ธง

น

น หนู

พ

พ พาน

ฟ

ฟ ฟัน

ภ

ภ สำเภา

ม

ม ม้า

ย

ย ยักษ์

ร

ร เรือ

ล

ล ลิง

ว

ว แหวน

ฬ

ฬ จุฬา

ฮ

ฮ นกฮูก

3.4.2 특수모음 (반음절모음과 음절모음)

อำ	암 / am	ใอ	아이 / ai, ay
ไอ	아이 / ai, ay	เอา	아우 / aw
ฤ	르 / rɯ, 리 / ri, 르ㅓ / rə	ฤๅ	르- / rɯː
ฦ	르 / lɯ	ฦๅ	르- / lɯː

특수모음 쓰기 연습

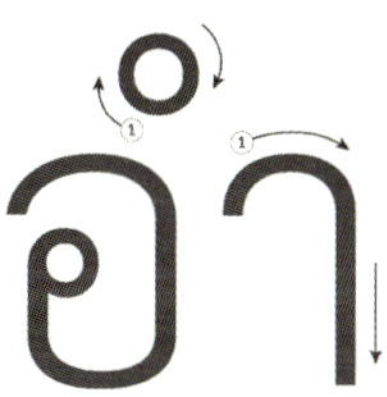

อำ

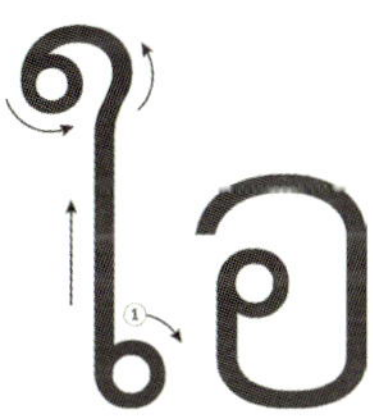

ใอ

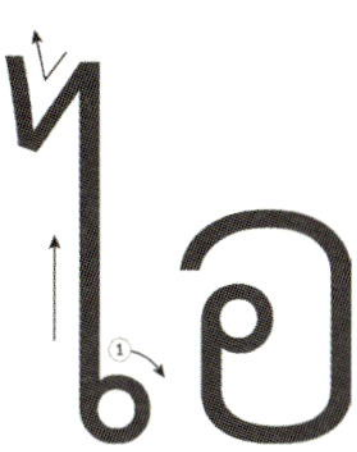

ไอ

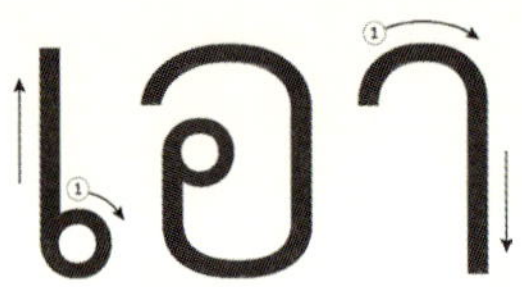

เอา

ฤ

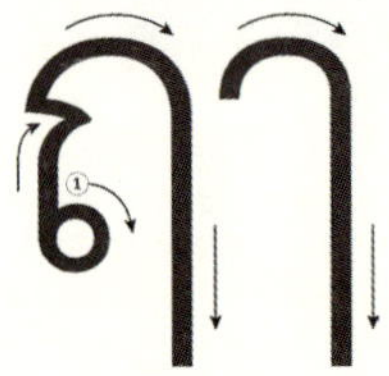

ฤๅ

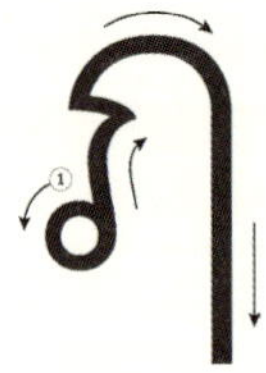

ฦ

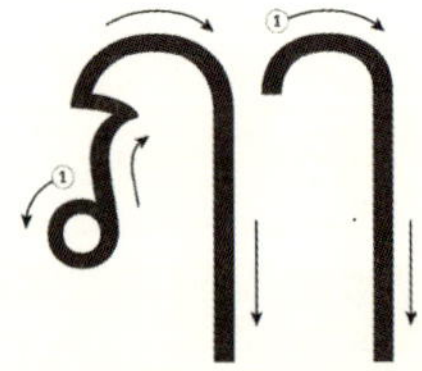

ฦๅ

결합 예시

초자음		모음		단어	발음	의미
จ	+	ใ	=	ใจ	짜이	마음
น	+	ใ	=	ใน	나이	안, 안에
ป	+	ไ	=	ไป	빠이	가다
ด	+	ำ	=	ดำ	담	검다, 잠수하다
ท	+	ำ	=	ทำ	탐	하다
ข	+	เ-า	=	เขา	카우	그, 그 사람
ร	+	เ-า	=	เรา	라우	우리, 나

자모음 결합 연습

1. 쓰기 연습 (모음의 위치 주의)

	자음		모음		단어	의미
1		+	เอาะ	=		섬
2		+	เอือ	=		배
3		+	อะ	=		~겠다, ~할 것이다
4		+	เอีย	=		상하다, 버리다
5		+	ใอ	=		안, 속, 안에

	자음		모음		단어	의미
6		+	อัว	=		연, 연꽃
7		+	อี	=		귀신
8		+	อื	=		들다
9		+	ออ	=		요청하다, 주세요
10		+	ไอ	=		불

	자음		모음		단어	의미
11		+	อู	=		게
12		+	อา	=		차(tea)
13		+	อำ	=		무치다, 샐러드
14		+	เออ	=		그녀, 너

2. 읽기 연습

	발음	의미
ภาษา		언어
อะไร		무엇, 어느
ใจดี		착하다, 마음씨가 좋다
เวลา		시간
มือถือ		휴대전화
ดูแล		돌보다
หัวเราะ		웃다
เกาะพีพี		피피섬
มะละกอ		파파야
กะทิ		코코넛밀크
เยอะแยะ		많다
เสือดำ		검은 호랑이

4. 태국어의 음절

4.1 태국어의 종자음

순수 태국어에서 종자음으로 사용되는 자음은 아래 8개 소리로 한정되어 있다.

소리	해당 종자음 글자	단어 예시		
		예시 단어	발음	의미
ก /k/	ก ข ค ฆ	ปากกา	빠-ㄱ 까-	펜
ง /ng/	ง	กางเกง	까-ㅇ 께-ㅇ	바지
น /n/	น ญ ณ ร ล ฬ	อาหาร	아- 하-ㄴ	음식
ด /t/	จ ฉ ช ซ ฌ ฎ ฏ ฐ ฑ ฒ ด ต ถ ท ธ ศ ษ ส	ปิดไฟ	삗 퐈이	전원을 끄다, 스위치를 내리다
		อากาศ	아- 까-ㅅ	날씨, 공기
บ /p/	บ ป พ ฟ ภ	ขอบคุณ	커-ㅂ 쿤	고맙다, 감사하다
ม /m/	ม	สามสิบ	싸-ㅁ 씹	(숫자) 30
ย /y/	ย	เสียดาย	씨-아 다-이	아깝다, 아쉽다
ว /w/	ว	สีขาว	씨- 카-우	흰색

태국어의 종자음에서 주의해야 할 점은 다음과 같다.

(1) 태국어의 종자음은 한국어 음절의 끝소리 규칙과 마찬가지로 서로 다른 음소가 받침이라는 특정 환경에서 같은 음소가 된다. 예컨대 [kh], [k] 소리는 모두 [k] 종자음으로, [d], [t], [s], [c], [ch] 등의 소리는 모두 [t] 종자음으로 소리가 난다.

(2) 태국어 자음 ญ, ร, ล, ฬ는 초자음에서와 종자음에서의 소리가 달라진다. ญ은 초자음에서는 [y] 소리지만 종자음에서는 [n] 소리가 나며, 초자음에서 [ㄹ] 소리인 ร ล ฬ는 종자음에서는 모두 [n]으로 소리가 난다. 이를 통해 태국어에는 [l] 종자음 소리가 없는 것을 볼 수 있다.

(3) 태국어는 한국어와는 달리 연음법칙이나 구개음화, 경음화 등의 자음 접변 현상이 없고, 〈초자음+모음+종자음〉으로 이루어진 각 음절의 소리를 그대로 유지한다. 이는 태국어가 음절마다 성조를 지니고 있는 것과 관계가 깊다. 예컨대 การบ้าน [까-ㄴ 바-ㄴ]을 한국어 발음의 영향을 받아 [까-ㅁ바-ㄴ]으로, สิบหก [씹혹]을 [씨폭] 등으로 발음하지 않도록 주의해야 한다.

(4) 태국어에는 한국어에는 없는 [y]와 [w] 종자음이 있는데, 이는 영어에서 boy의 [y] 종자음, cow의 [w] 종자음 등을 떠올리면 이해가 쉽다.

(5) 태국어 자음 중 위의 표에서 해당 종자음 글자 예시에 나와 있지 않은 ผ ฝ ห อ 등은 종자음으로 사용되지 않는다.

종자음 결합 연습

초자음		모음		종자음		단어	발음	의미
ต	+	◌ึ	+	ก	=			건물
ม	+	เ◌ือ	+	ง	=			도시, 나라
บ	+	◌ุ	+	ญ	=			공덕, 선업
ผ	+	◌ิ	+	ด	=			틀리다, 그르다
ส	+	อ	+	บ	=			시험보다, 시험
ล	+	◌ื	+	ม	=			잊다, 깜박하다
ช	+	า	+	ย	=			남자, 남성 가, 가장자리
ม	+	แ	+	ว	=			고양이

✓ 자모음 종자음 결합 연습

	초자음		모음		종자음		단어	의미
1		+	อู	+		=		자식
2		+	โอ	+		=		건물
3		+	อู	+		=		말하다
4		+	เอีย	+		=		쓰다, 적다
5		+	ออ	+		=		향기롭다
6		+	เอือ	+		=		달
7		+	ออ	+		=		말하다

	초자음		모음		종자음		단어	의미
8		+	อุ	+		=		행복하다
9		+	อา	+		=		길
10		+	อิ	+		=		배고프다
11		+	อุ	+		=		당신
12		+	อา	+		=		그림
13		+	อุ	+		=		대화하다
14		+	อา	+		=		희다

4.2 태국어의 음절

태국어의 음절 구조는 (C)CV(C)^{T} 의 형태인데, 여기서 C는 Consonant(자음)를 의미하고 V는 Vowel(모음)을, T는 Tone(성조)을 의미한다. 즉, 가장 기본적인 형태는 하나의 자음과 하나의 모음, 그리고 성조의 결합으로 이루어진다. 음절 구성의 최소 요건이 갖춰진 음절은 예컨대 초자음과 모음으로 이루어진 กา 까-와 같은 어휘를 들 수 있으며, 음절 구성의 최대의 요건이 갖춰진 음절은 어두자음군이 초성으로 나타나 이중모음과 결합하고 종성이 나타나는 เปลี่ยน 쁠리-안과 같은 음절을 들 수 있다.

태국어의 음절은 종성 소리에 따라 "생음" 음절과 "사음" 음절의 두 가지로 구분된다.

① 생음 (또는 개방음, 개운, 열린 끝소리)

: 생음은 개방음 또는 열린 소리로 장모음으로 끝나거나 비음, 유음 또는 반모음이 종성으로 오는 음절을 말한다. 태국어로는 คำเป็น 캄 뻰 또는 พยางค์เปิด 파 야-ㅇ 쁘ㅓ-ㅅ이라 한다.

② 사음 (또는 폐쇄음, 폐운, 닫힌 끝소리)

: 사음은 폐쇄음 또는 닫힌 소리로 단모음으로 끝나거나 [k] [t] [p] 등의 폐쇄음이 종성으로 오는 음절을 말한다. 태국어로는 คำตาย 캄 따-이 또는 พยางค์ปิด 파 야-ㅇ 삣이라 한다.

즉, 종자음이 있는 경우에는 종자음을 기준으로 [k] [t] [p] 등 딱딱하고 막힌 음으로 끝나는 경우에는 사음 음절이라 하고, [m] [n] [ng] [w] [y]로 음절이 끝나는 경우에는 생음 음절이라 한다. 종자음이 없는 경우에는 모음을 고려해야 하는데, 모음이 장모음으로 끝나는 경우에는 생음 음절이라 하고, 단모음으로 끝나는 경우에는 [ʔ]소리로 끝나는 것으로 간주하여 막힌 소리가 되므로 사음 음절이 된다. 반음절모음의 경우에는 생음 종자음이 있으므로 생음 음절이 된다.

생음 사음 음절 구분 연습

단어	제1음절 발음	1음절 생/사음 구분	제2음절 발음	2음절 생/사음 구분	의미
ตายาย					외조부모
ตึกสูง					고층 건물, 건물이 높다
มะนาว					라임
ชอบเรียน					배우기를 좋아한다
พูดมาก					말이 많다
คุณแม่					어머니
ทำไม					왜
ดีใจ					기쁘다

5. 모음의 예외 - 모음의 생략과 변형

태국어 음절에서 종자음이 오는 경우 일부 모음이 축약되어 형태가 없어지거나 다른 모양으로 변하는 경우가 있다.

5.1 모음의 생략

(1) 단모음 โ-ะ [오]는 종자음이 오면 생략되어 형태가 사라진다.

예 초자음		모음		종자음		단어	발음	의미
ค	+	โ-ะ	+	น	=	คน	콘	사람
ฝ	+	โ-ะ	+	น	=	ฝน	폰(fon)	비
ก	+	โ-ะ	+	บ	=	กบ	꼽	개구리
น	+	โ-ะ	+	ม	=	นม	놈	우유, 젖

5.2 모음의 변형

(1) 단모음 ะ [아]는 종자음이 오면 ั (ไม้หันอากาศ 마이 한 아- 까-ㅅ)으로 형태가 바뀌며, 초자음의 우측 상단에 쓴다.

예 초자음		모음		종자음		단어	발음	의미
ว	+	-ะ	+	น	=	วัน	완	날, 낮, day
ร	+	-ะ	+	ก	=	รัก	락	사랑, 사랑하다
ต	+	-ะ	+	ด	=	ตัด	땃	자르다
จ	+	-ะ	+	บ	=	จับ	짭	잡다

(2) 단모음 ะ [아]가 단모음화 부호로 사용된 모음 เ-ะ, แ-ะ, เ-าะ 등에 종자음이 오면 단모음 부호 ็(ไม้ไต่คู้ 마이 따이 쿠-)로 변형되며, 초자음의 상단에 표시한다.

예 초자음		모음		종자음		단어	발음	의미
ด	+	เ-ะ	+	ก	=	เด็ก	덱	아이, 어린이
ป	+	เ-ะ	+	น	=	เป็น	뻰	~이다
ย	+	เ-ะ	+	น	=	เย็น	옌	차다, 시원하다, 저녁
ข	+	แ-ะ	+	ง	=	แข็ง	캥	딱딱하다, 굳다

비고

- 단모음 เ-าะ에 종자음이 오는 경우의 모음 형태는 อ็อ의 형태가 된다. 즉, 단모음 기준이 아니라 장모음 형태를 기준으로 단모음화 부호를 붙여 준다고 간주하면 된다. 순수 태국어에서는 사용되는 경우가 없고, ก็อปปี้(copy), อ็อกซ์ฟอร์ด(Oxford) 등 외래어에 주로 사용된다.
- 예외적으로 ก็는 종자음이 없지만 단모음 부호 ็를 붙여주며, [เก้าะ]로 발음한다.

(3) 장모음 เ-อ에 종자음이 오는 경우, อ 모음의 형태가 단모음 ิ [이]로 바뀐다.

예 초자음		모음		종자음		단어	발음	의미
ด	+	เ-อ	+	น	=	เดิน	드ㅓ-ㄴ	걷다
ก	+	เ-อ	+	ด	=	เกิด	끄ㅓ-ㅅ	태어나다, 발생하다
ป	+	เ-อ	+	ด	=	เปิด	쁘ㅓ-ㅅ	열다, 켜다
ช	+	เ-อ	+	ญ	=	เชิญ	츠ㅓ-ㄴ	모시다, 초대하다

비고

- 예외적으로 종자음이 ย인 경우에는 상단의 모음 부호 ิ를 쓰지 않는다.

예 초자음		모음		종자음		단어	발음	의미
ค	+	เ-อ	+	ย	=	เคย	커-이	~한 적이 있다
ล	+	เ-อ	+	ย	=	เลย	러-이	지나치다, 너무, 그래서

(4) 장모음 ัว에 종자음이 오는 경우, 상단의 ั 부호가 사라지고 ว만 사용한다.

예 초자음		모음		종자음		단어	발음	의미
ส	+	ัว	+	น	=	สวน	쑤-안	공원
ส	+	ัว	+	ย	=	สวย	쑤-아이	예쁘다, 아름답다
ป	+	ัว	+	ด	=	ปวด	뿌-앗	아프다, 욱신거리다
ม	+	ัว	+	ย	=	มวย	무-아이	권투, 복싱

MEMO

บทที่ 3

태국어 성조법

태국어의 성조법은 성조 표시가 나타나는 유형성조법과 성조표시가 나타나지 않는 무형성조법의 두 가지가 있다. 성조는 음절의 구성 요소로서 모든 음절에 포함되어 있으며, 성조를 제대로 발음하지 않으면 원하는 의미를 전달할 수 없기 때문에 매우 중요하다.

1. 유형성조법

유형성조는 성조부호를 사용하여 나타나는 성조를 말한다. 태국어의 성조부호는 1성부호(่, ไม้เอก 마이 에-ㄱ), 2성부호(้, ไม้โท 마이 토-), 3성부호(๊, ไม้ตรี 마이 뜨리-), 4성부호(๋, ไม้จัตวา 마이 짯 따 와-)가 있으며 성조부호는 자음의 오른쪽 위에 써준다. 어두자음군인 경우에는 두 번째 자음 오른쪽 위에 쓰며, 자음 위에 위치하는 모음이 있는 경우 그 모음의 위에 쓴다. 성조부호가 사용되는 음절의 성조는 초자음의 종류와 연관되어 다음과 같이 나타난다.

1.1 고자음의 유형성조법

1성부호와 2성부호만 사용되며, 사용되는 성조부호와 실제의 성조가 일치한다. 즉, 1성부호가 사용되면 1성으로 발음하고 2성부호가 사용되면 2성으로 발음한다.

예 초자음		모음		종자음		성조부호		단어	발음	의미
ถ	+	ั ว			+	่	=	ถั่ว	\ 투-아	콩
ห	+	ใ			+	้	=	ให้	^ 하이	주다
ส	+	โ-ะ	+	ง	+	่	=	ส่ง	\ 쏭	보내다
ข	+	า	+	ว	+	้	=	ข้าว	^ 카-우	밥, 쌀

1.2 중자음의 유형성조법

중자음이 초자음인 경우 4개의 성조부호 모두가 올 수 있으며, 고자음과 마찬가지로 사용되는 성조부호와 실제의 성조가 일치한다.

예 초자음		모음		종자음		성조부호		단어	발음	의미
ป	+	ู			+	่	=	ปู่	\ 뿌-	친할아버지
บ	+	า			+	้	=	บ้า	^ 바-	미치다
ต	+	ื	+	น	+	่	=	ตื่น	\ 뜨-ㄴ	잠 깨다, 일어나다
บ	+	า	+	น	+	้	=	บ้าน	^ 바-ㄴ	집
จ	+	โ	+	ก	+	๊	=	โจ๊ก	/ 쪼-ㄱ	죽
ต	+	ั ว			+	๋		ตั๋ว	v 뚜-아	표

1.3 저자음의 유형성조법

저자음의 경우 1성부호와 2성부호가 사용되며, 1성부호가 사용되면 2성으로 발음하고 2성부호가 사용되면 3성으로 발음한다.

예 초자음		모음		종자음		성조부호		단어	발음	의미
ค	+	า			+	่	=	ค่า	카^-	값, 가치
ม	+	า			+	้	=	ม้า	마́-	말, 마(馬)
ว	+	ิ	+	ง	+	่	=	วิ่ง	윙^	뛰다, 달리다
ช	+	า	+	ง	+	้	=	ช้าง	차́-ㅇ	코끼리

앞에서 살펴본 유형성조법을 도표로 나타내면 다음과 같다.

	ไม้เอก 1성부호	ไม้โท 2성부호	ไม้ตรี 3성부호	ไม้จัตวา 4성부호
고자음	ไข่ (ˋ) 1성	ไข้ (^) 2성	-	-
중자음	ไก่ (ˋ) 1성	ได้ (^) 2성	โจ๊ก (ˊ) 3성	ก๋วยเตี๋ยว (ˇ) 4성
저자음	ค่า (^) 2성	ช้าง (ˊ) 3성	-	-

유형성조 연습

단어	제1음절 발음	제1음절 성조	제2음절 발음	제2음절 성조	의미
ไข่ไก่					달걀
พ่อแม่					부모
โต๊ะข้าว					밥상
เก้าอี้					의자
เสื้อผ้า					옷, 의복
แม่น้ำ					강
ปู่ย่า					조부모(친가)
ขี่ม้า					말을 타다
ที่นี่					여기, 이곳
น้ำส้ม					오렌지주스, 식초
ตั้งแต่					~부터
ญี่ปุ่น					일본

2. 무형성조법

무형성조는 성조부호의 사용 없이 음절 자체에 내재해 있는 성조를 말한다. 무형성조는 다양한 조건에 의해 결정된다. 무형성조법에서 고려해야 하는 요소는 아래와 같다.

무형 성조법에서 고려해야 하는 요소

① 자음의 삼분법 - 초자음이 고자음, 중자음, 저자음 중의 어떤 자음인가?

② 음절이 생음인가, 사음인가?

③ 저자음의 종자음이 사음인 경우, 모음이 장모음인가, 단모음인가?

④ 발음의 예외는 아닌가?

이러한 내용을 고려하여, 각 초자음의 종류별로 음절의 종류에 따라 나타나는 성조는 다음과 같다.

자음종류	음절의 종류	성조
고자음	생음	4성
	사음	1성
중자음	생음	평성
	사음	1성
저자음	생음	평성
	장모음 + 사음	2성
	단모음 + 사음	3성

2.1 고자음의 무형성조법

음절의 초자음이 고자음이고 음절이 생음인 경우는 4성, 사음인 경우는 1성이 된다.

예 초자음		모음		종자음		단어	음절 생/사	발음	성조	의미
ข	+	า			=	ขา	생	카-	4	다리
ถ	+	เ-อะ			=	เถอะ	사	터	1	~합시다, 하자
ส	+	ัว	+	ม	=	สวม	생	쑤-암	4	입다
ผ	+	ะ	+	ก	=	ผัก	사	팍	1	채소

2.2 중자음의 무형성조법

음절의 초자음이 중자음이고 음절이 생음인 경우는 평성, 사음인 경우는 1성이 된다.

예 초자음		모음		종자음		단어	음절 생/사	발음	성조	의미
ก	+	า			=	กา	생	까-	평	까마귀
ก	+	เ-าะ			=	เกาะ	사	꺼	1	섬
จ	+	า	+	น	=	จาน	생	짜-ㄴ	평	접시
ต	+	โ-ะ	+	ก	=	ตก	사	똑	1	떨어지다, (비가) 내리다

2.3 저자음의 무형성조법

음절의 초자음이 저자음이고 음절이 생음인 경우는 평성이 된다. 음절이 사음인 경우는 모음을 고려해야 하는데, 사음 음절에서 모음이 단모음이면 3성, 장모음이면 2성이 된다. 종자음이 없이 단모음으로 끝나는 사음 음절 역시 3성이 된다.

예 초자음		모음		종자음		단어	음절 생/사	발음	성조	의미
ช	+	า			=	ชา	생	차-	평	차(茶)
ค	+	ะ			=	คะ	사	카	3	어조사 (여성, 의문문)
ง	+	า	+	น	=	งาน	생	응아-ㄴ	평	일
ค	+	ิ	+	ด	=	คิด	사 (단모음)	킷	3	생각하다
ม	+	า	+	ก	=	มาก	사 (장모음)	마-ㄱ	2	많다, 매우

유무형성조 연습 – 스스로 진단하기 1

단어	제1음절 발음	제1음절 성조	제2음절 발음	제2음절 성조	의미
ปากกา					펜
ดินสอ					연필
พี่ชาย					형, 오빠
น้องสาว					여동생
ห้องน้ำ					화장실
โรงเรียน					학교
กาแฟ					커피
ชาเขียว					녹차
ข้าวผัด					볶음밥
ไก่ทอด					치킨, 닭튀김
การบ้าน					숙제
ข้อสอบ					시험문제

유무형성조 연습 - 스스로 진단하기 2

단어	제1음절 발음	제1음절 성조	제2음절 발음	제2음절 성조	의미
รองเท้า					신발
กางเกง					바지
ถุงมือ					장갑
แว่นตา					안경
อาบน้ำ					샤워하다
ตื่นเช้า					기상하다
สามสิบ					(숫자) 30
เก้าร้อย					(숫자) 900
ขึ้นรถ					차를 타다
ลงเรือ					배를 타다
ทะเล					바다
ภูเขา					산

MEMO

บทที่ 4

예외적인 발음의 연습

1. 어두자음군

태국어에서는 한 음절에서 초성 소리가 두 개의 소리가 날 수 있다. 이를 어두자음군(พยัญชนะควบกล้ำ 파 야 차 나 쿠-압 끌람)이라고 부르는데, 이 어두자음군은 일련의 제약이 있다.

1.1 진성 어두자음군

진성 어두자음군(อักษรควบแท้ 악 써-ㄴ 쿠-압 태-)은 말 그대로 진짜로 소리가 나는 어두자음군을 지칭한다. 즉 음절의 초성에 나타난 두 개의 자음 소리가 모두 그대로 소리나는 경우를 말한다. 이때, 음절은 하나의 음절이므로 성조도 하나의 성조를 갖게 된다. 성조는 앞에 오는 자음의 성조를 따르며, 성조부호는 두 번째 자음 위에 표기한다.

어두자음군의 제약은 이끄는 소리에 따라 다음과 같이 크게 [p], [t], [k]의 세 개 군으로 나누어 볼 수 있으며, 순수 태국어에서의 어두자음군은 총 11개의 소리가 나타난다. 한편, 최근에 외래어의 영향으로 새로 생겨난 진성 어두자음군도 있다.

1.1.1 [p] 어두자음군

[p] 어두자음군은 [p]나 [ph]의 뒤에 [l] 또는 [r] 소리가 따라오는 경우를 말한다. 형태로는 ปล ปร พล พร ผล가 있다.

예 소리	예시 단어	발음과 성조	의미
ปล /pl/	ปลา	쁠라-	물고기, 생선
ปร /pr/	ประตู	쁘라 뚜-	문
พล /phl/	เพลง	플레-ㅇ	노래
พร /phr/	พระ	프라	승, 부처

1.1.2 [t] 어두자음군

[t] 어두자음군은 [t] 뒤에 [r] 소리가 따라오는 경우를 말한다. 형태로는 ตร가 있다.

예 소리	예시 단어	발음과 성조	의미
ตร /tr/	ตรง	뜨롱	정, 정확히, 곧다

* 일부 산스크리트어 차용어 중 ทร /thr/ 소리를 진성어두자음군으로 발음하는 จันทรา (짠 트라-, '달') อินทรา(인 트라- , '인드라신') 등의 어휘가 있다.

1.1.3 [k] 어두자음군

[k] 어두자음군은 [k]나 [kh]의 뒤에 [l], [r] 또는 [w] 소리가 따라오는 경우를 말한다. 형태로는 예컨대, กล กร กว คล คร คว ขล ขร ขว가 있다.

예

소리	예시 단어	발음과 성조	의미
กล /kl/	ไกล	끌라이	멀다
กร /kr/	กระเป๋า	끄라 빠우	가방
กว /kw/	กว่า	꽈-	~보다 더, 넘다
คล /khl/	คล้าย	클라-이	비슷하다
คร /khr/	ครึ่ง	크릉	반, 반절
คว /khw/	ควาย	콰-이	물소

1.1.4 외래어의 영향으로 발생한 진성 어두자음군

최근 외래어의 영향으로 순수 태국어에는 없지만 외래어에 있는 다양한 소리가 아래의 예와 같이 진성 어두자음군으로 발음되고 있다(태국 교육부 편저, 2011, บรรทัดฐานภาษาไทย[태국어 표준] 세1권에서 발췌 인용).

예

소리	예시 단어	발음과 성조	의미
บร /br/	เบรก	브레-ㄱ	브레이크 (어원: brake)
บล /bl/	บล็อก	블럭	블로그 (어원: blog)
ดร /dr/	ดริ๊ง	드링	드링크, 음료 (어원: drink)
ทร /thr/	เทรนด์	트레-ㄴ	트렌드 (어원: trend)
ฟร /fr/	ฟรี	프리-(fri:)	공짜 (어원: free)
ฟล /fl/	ฟลุก	플룩(fluk)	운으로 이루다 (어원: fluke), 재수가 좋았다

1.2 의사 어두자음군

의사 어두자음군(อักษรควบไม่แท้ 악 써-ㄴ 쿠-압 마이 태-)은 형태는 어두자음군처럼 보이지만 실제로는 두 개의 자음이 자신의 소리를 그대로 내지 않고 생략되거나 다른 소리로 소리 나는 가짜 어두자음군을 지칭한다. 가성 어두자음군이라고도 한다. 의사 어두자음군은 크게 두 가지 경우를 볼 수 있다.

1.2.1 자음 ร가 묵음이 되는 경우

자음 จ ส ศ 등의 뒤에 ร가 왔을 때 소리가 나지 않고 묵음이 되는 경우가 있다.

예 예시 단어	발음과 성조	의미
จริง	찡	진짜, 정말, 정말로
สร้าง	싸-ㅇ	만들다, 창조하다
เสร็จ	쎗	끝나다, 마치다, 끝내다
ศรัทธา	쌋 타-	믿다, 신봉하다

그러나 자음 จ ส ศ 등의 뒤에 ร가 온다고 해서 항상 묵음이 되는 것은 아니다. 규칙이 정확히 정해져 있는 것이 아니라 특정 어휘에서 나타나는 것이므로 따로 익혀 두어야 한다.

예 예시 단어	발음과 성조	의미
จรวด	짜 루-앗	로켓, 미사일
สระ	싸 라	모음

1.2.2 자음 ทร가 [ซ]로 발음되는 경우

팔리 산스크리트어에서 차용한 어휘들의 경우 ทร가 [ซ]로 발음되는 경우가 많다. 예를 들면 다음과 같다.

예 예시 단어	발음과 성조	의미
ทราบ	싸̂-ㅂ	알다
ทราย	싸̄-이	모래

✓ 어두자음군 연습 - 스스로 진단하기

단어	제1음절 발음	제1음절 성조	제2음절 발음	제2음절 성조	의미
เกรงใจ					부담 느끼다, 미안해하다
เครื่องดื่ม					음료
เพราะว่า					왜냐하면
ใกล้เคียง					유사하다, 근접하다
กระโปรง					치마
ซ้ายขวา					좌우
ตรงข้าม					반대, 반대편
เปลี่ยนแปลง					변화하다
กล้าหาญ					용감하다
ห้องครัว					부엌
กระทรวง					부, 부처 (ministry)
เสร็จสิ้น					종료되다, 완료하다

2. 자음연속체에서 단모음 [아]의 추가

음절에서 모음이 별도로 나타나지 않고 종자음도 아닌 경우, 즉, 〈자음+자음+모음〉의 구조를 가진 어휘 중 어두자음군의 제약에 해당하지 않는 경우를 자음연속체 읽기(การอ่านแบบเรียงพยางค์ 까-ㄴ 아-ㄴ 배-ㅂ 리-앙 파 야-ㅇ)라고 하며, 이 경우 자음과 자음 사이에 단모음 [아] 소리를 추가하여 음절을 나눠 읽는다.

예 예시 단어	발음과 성조	의미
สบาย	싸 바-이	편하다, 편안하다
อร่อย	아 러-이	맛있다
สนุก	싸 눅	재미있다
ตลาด	따(ㄹ) 라-ㅅ	시장
มหา	마 하-	크다, 대(大)
สถานี	싸 타- 니-	역
ขนม	카 놈	과자, 디저트, 간식
สมุด	싸 뭇	노트, 책
จมูก	짜 무-ㄱ	코

일부 합성어에서 첫음절의 종자음이 다시 단모음 [아]와 결합하여 사이 음절로 추가되는 경우가 있다.

예 예시 단어	합성어 구조	발음	의미
ผลไม้	ผล+ไม้	폰 라 마이	열매+나무 = 과일
สุขภาพ	สุข+ภาพ	쑥 카 파-ㅂ	행복하다+명사형 = 건강
เอกราช	เอก+ราช	에-ㄱ 까 라-ㅅ	자주, 하나의+왕, 국가 = 자주, 독립

รัฐบาล	รัฐ+บาล	랏 타 바-ㄴ	국토,국가+통치하다 = 정부

사이 음절 [아]의 추가는 특정 어휘에서 나타내는 것으로 대부분의 합성어에서는 추가되는 음절 없이 그대로 발음된다.

예 예시 단어	합성어 구조	발음	의미
กาลเวลา	กาล+เวลา	까-ㄴ 웨(ㄹ)- 라-	시간+시간 = 시간, 세월
ชลบุรี	ชล+บุรี	촌 부 리-	물+도시 = 촌부리(지명)

3. 선도자음

선도자음(อักษรนำ 악 써-ㄴ 남)은 형태상으로는 자음연속체가 포함된 음절과 마찬가지로 〈자음+자음+모음〉의 구조를 띠고 있는데, 이때 가장 앞에 있는 자음이 따라오는 음절의 성조에 영향을 끼치는 경우를 특정하여 지칭한다. 뒤에 오는 음절의 초자음이 되는 두 번째 자음이 홀음저자음일 때에만 영향을 받으며 성조는 선도하는 자음의 성조를 따라간다. 선도자음은 크게 두 가지 경우가 있다.

3.1 선도자음은 발음되지 않고, 뒤에 오는 음절의 성조에만 영향을 주는 경우

이 경우는 크게 허힙 선도자음(ห นำ 허- 남)과 어앙 선도자음(อ นำ 어- 남)의 두 가지가 있다.

3.1.1 허힙 선도자음(ห นำ ห̌- 남̄)

ห 뒤에 홀음저자음이 오는 경우, 그 자음을 고자음화 하고 ห은 발음되지 않는다.

예 예시 단어	발음과 성조	의미
หมา	마̌-	개
หล่อ	러̀-	잘생겼다
ใหม่	마̀이	새롭다, 다시
ไหว้	와̂이	합장 인사하다
ใหญ่	야̀이	크다
เหล้า	라̂우	술
เหนื่อย	느-아̀이	피곤하다
เกาหลี	까̄우(ㄹ) 리̌-	한국

3.1.2 어앙 선도자음(อ นำ 어̄- 남̄)

อ 뒤에 홀음저자음이 오는 경우, 그 자음을 중자음화하고 อ은 발음되지 않는다. 이 경우의 홀음저자음은 ย에 한정되며, 어앙 선도자음은 다음의 네 개 어휘뿐이다.

예 예시 단어	발음과 성조	의미
อย่า	야̀-	하지 마라
อยู่	유̀-	살다, 있다
อย่าง	야̀-ㅇ	~처럼, 가지, 종류
อยาก	야̀-ㄱ	하고 싶다

3.2 선도자음도 발음하고 후행 음절의 성조에도 영향을 주는 경우

고자음이나 중자음의 뒤에 따라오는 음절의 초자음이 홑음저자음인 경우에, 선도자음이 고자음이면 고자음으로, 중자음이면 중자음으로 성조규칙의 적용을 받는다.

예 예시 단어	발음과 성조	의미
สนิท	싸̀ 닛̀	친하다
สระ*	싸̀ 라̀	모음
ขนม	카̀ 놈̌	과자, 디저트, 간식류
ถนน	타̀ 논̌	길
องุ่น	아̀ 응운̀	포도
อร่อย	아̀ 러̀-이	맛있다
ตลอด	따̀(ㄹ) 러̀-ㅅ	항상, 늘
ตลาด	따̀(ㄹ) 라̀-ㅅ	시장

* สระ의 경우 동형이음이의어로서, [싸]와 [싸라]의 두 가지로 발음된다. [싸]로 발음하는 경우는 의사어두자음군으로 ร가 묵음이 되며 '연못, (머리 등을) 삼다'라는 뜻이다. 그러나, 선도자음으로 [싸라]로 발음할 때는 '모음(vowel)'이라는 뜻이 된다.

선도자음 읽기 연습 - 스스로 진단하기

	예시	발음/성조	의미
1	ขอน้ำหน่อย		물 좀 주세요
2	อยากซื้อขนมปัง		빵을 사고 싶다
3	ทำงานเหน็ดเหนื่อย		열심히(피곤하도록) 일한다
4	อย่าสูบบุหรี่		담배 피우지 마세요
5	อ่านหนังสือสนุก		책을 재미있게 읽는다
6	ห้องสมุดอยู่ไหน		도서관 어디 있나요?
7	อยากไปภาคเหนือ		북부에 가고 싶다
8	เขาหน้าตาหล่อ		그는 얼굴이 잘생겼다
9	ผ้าไหมสวยหรู		실크가 화려하고 예쁘다
10	เมาเหล้าตลอด		항상 술에 취했다

4. 특수기호와 기타 예외적 발음

4.1 묵음부호(์, ไม้ทัณฑฆาต 마이 탄 타 카-ㅅ)

특정 어휘에서 묵음 부호 ์를 자음 위에 사용하면, 그 자음, 자음과 모음 또는 그 앞 자음까지도 발음되지 않는다. 이는 순수 태국어가 단음절어이기 때문에 외국어를 차용했을 때 최대한 태국어의 음운 체계에 부합하도록 하기 위해 음절 수를 줄이는 언어적 방법으로 사용되는 것이다. 묵음화되는 대상 자음은 "까-란(การันต์)"이라고 부른다.

예 예시 단어	발음과 성조	의미
อาทิตย์	아- 팃	해, 태양, 일
อาจารย์	아- 짜-ㄴ	교수
รถยนต์	롯 욘	차, 자동차
วันจันทร์	완 짠	월요일

4.2 반복부호(ๆ, ไม้ยมก 마이 야 목)

단어나 구의 뒤에 반복부호 "마이야목"을 붙이면 그 단어나 구를 반복해서 읽으라는 표시가 된다. 이 기호의 앞뒤는 띄어 써야 한다. 반복된 어휘를 발음할 때는 앞 음절의 길이가 조금 짧아진다. 반복은 다양한 기능을 하는데, 자세히 알아보면 다음과 같다.

4.2.1 명사의 반복으로 복수형을 만드는 경우

일부 명사의 경우 반복을 통해 복수형이 된다. 그러나 모든 명사에 적용 가능한 것은 아니므로 주의한다.

예 예시 단어	발음과 성조	의미
เด็ก ๆ	덱 덱	아이들
เพื่อน ๆ	프안 프-안	친구들
พี่ ๆ	피 피-	언니/오빠/형/누나들
น้อง ๆ	넝 너-ㅇ	동생들
ลูก ๆ	룩 루-ㄱ	자식들

4.2.2 부사의 반복으로 강조를 나타내는 경우

부사의 경우는 반복하면 주로 강조의 의미를 나타낸다.

예 예시 단어	발음	의미
มาก ๆ	막 마-ㄱ	아주 많이
เยอะ ๆ	으ㅕ 으ㅕ	아주 많이
เร็ว ๆ	레우 레우	빨리빨리
ร้อน ๆ	런 러-ㄴ	아주 뜨겁게

상태동사나 부사를 반복하면서 특별히 의미를 강조하고자 할 경우에는 앞 음절의 성조가 3성으로 바뀌게 된다. 이러한 음운 현상은 주로 구어체에서 나타난다.

예 예시 단어	발음과 성조	의미
ดี๊ดี	디- 디-	엄청 좋다
ส๊วยสวย	쑤-아이 쑤-아이	엄청 예쁘다

4.2.3 의미의 약화를 나타내는 경우

주로 색채어나 상태성 동사 등을 반복했을 때 그 강도가 덜해짐을 나타내기도 한다.

예 예시 단어	발음과 성조	의미
ดำ ๆ	담 담	거무스름하다
ขาว ๆ	카우 카-우	희끗희끗하다, 희끄무레하다
แดง ๆ	댕 대-ㅇ	불그스름하다
คล้าย ๆ	클라이 클라-이	비스름하다, 비슷비슷하다

4.2.4 범위나 장소를 한정하지 않음을 나타내는 경우

명사나 의문사 등을 반복했을 때 한정하거나 특정하지 않고 폭넓게 아우르는 의미를 나타내기도 한다.

예 예시 단어	발음과 성조	의미
แถว ๆ	태우 태-우	근처
อะไร ๆ	아 라이 아 라이	뭐든

4.2.5 분할의 의미를 나타내는 경우

주로 분류사 등을 반복했을 때, 구분하는 단위의 부분이나 조각으로 나눔을 의미하기도 한다.

예 예시 단어	발음과 성조	의미
ชิ้น ๆ	친 친	조각조각으로

한편 경우에 따라서는 구 전체를 반복하기도 하는데, แต่ละวัน ๆ의 경우 '날마다, 나날이'라는 의미의 구로써 이 경우는 [때(ㄹ)- 라 완 때(ㄹ)- 라 완]으로 구 전체를 반복하여 읽어야 한다.

4.3 생략부호

생략부호는 긴 단어나 구, 또는 예시를 줄이기 위하여 사용하는 부호로, 크게 다음의 두 가지가 있다.

4.3.1 빠이얀너이(ฯ, ไปยาลน้อย 빠이 야-ㄴ 너-이)

빠이얀너이는 단어나 구가 매우 긴데 그 내용에 대해 상호 이해하고 있다는 전제하에 짧게 줄이는 대신 붙여주는 기호다. 태국의 수도 방콕의 본래 명칭은 다음과 같다.

กรุงเทพมหานคร อมรรัตนโกสินทร์ มหินทรายุธยา มหาดิลกภพ นพรัตนราชธานีบูรีรมย์ อุดมราชนิเวศน์มหาสถาน อมรพิมานอวตารสถิต สักกะทัตติยวิษณุกรรมประสิทธิ์

그런데 이 명칭은 너무 길고 부르기 어렵기 때문에 줄여서 กรุงเทพฯ 끄룽 테-ㅂ 또는 กรุงเทพมหานคร 끄룽 테-ㅂ 마 하- 나 커-ㄴ이라고 부른다.

4.3.2 빠이얀야이(ฯลฯ, ไปยาลใหญ่ 빠이 야-ㄴ 야이)

빠이얀야이는 어떤 비슷한 예시 등을 열거하면서 '더 많은 예시가 있으나 다 나열하지 않겠다'라는 의미로 마지막 예시의 다음에 붙여주는 기호다. 한국어로는 '등등, 기타 등등' 정도로 해석할 수 있으며, 기호의 앞뒤는 띄어 써 주어야 한다.

예 สิ่งของที่ซื้อขายกันในตลาดมี เนื้อสัตว์ ผัก ผลไม้ น้ำตาล น้ำปลา ฯลฯ

시장에서 판매되는 것에는 고기, 채소, 과일, 설탕, 액젓 등이 있다.

4.4 ร의 예외적 발음

다른 자음과 달리 ร는 음절 안에서 자음으로만 기능하지 않고 모음 또는 특수모음과 비슷한 역할을 하는 경우가 있다.

4.4.1 -รร- [อะ]

한 음절 안에서, 초자음과 종자음 사이에 ร가 두 번 쓰인 경우에는 단모음 [아]로 발음된다.

예 예시 단어	발음과 성조	의미
กรรม	깜	카르마, 업, 노동
ธรรม	탐	다르마, 법, 덕행

4.4.2 -รร [อัน]

종자음이 따로 없이 ร 두 개로 음절이 끝난 경우에는 단모음이 사용된 [안]으로 발음된다.

예 예시 단어	발음과 성조	의미
กรรไกร	깐 끄라이	가위
สวรรค์	싸 완	천국

4.4.2 -ร [ออน]

종자음이나 다른 모음 없이 ร 하나로 음절이 끝난 경우에는 장모음이 사용된 [어-ㄴ]으로 발음된다.

예 예시 단어	발음과 성조	의미
อักษร	악 써-ㄴ	문자
กรรมกร	깜 마 꺼-ㄴ	노동자
อวยพร	우-아이 퍼-ㄴ	축원하다, 복을 주다

สวัสดี

부록

ภาคผนวก

- 정답
- 태국어 자음 쓰기
- 태국어 모음 쓰기
- 성조부호 쓰기
- 태국어 숫자 쓰기

สนุก

ขอบคุณ

เฉลยแบบฝึกหัด

정답

✓ P. 62-65 자모음 결합 연습

1. 쓰기 연습 (모음의 위치 주의)

	자음		모음		단어	의미
1		+	เอาะ	=	เกาะ	섬
2		+	เอือ	=	เรือ	배
3		+	อะ	=	จะ	~겠다, ~할 것이다
4		+	เอีย	=	เสีย	상하다, 버리다

	자음		모음		단어	의미
5		+	ใอ	=	ใน	안, 속, 안에
6		+	อัว	=	บัว	연, 연꽃
7		+	อี	=	ผี	귀신
8		+	อือ	=	ถือ	들다
9		+	ออ	=	ขอ	요청하다, 주세요

	자음		모음		단어	의미
10		+	ไอ	=	ไฟ	불
11		+	อู	=	ปู	게
12		+	อา	=	ชา	차(tea)
13		+	อำ	=	ยำ	무치다, 샐러드
14		+	เออ	=	เธอ	그녀, 너

2. 읽기 연습

	발음	의미
ภาษา	파- 싸-	언어
อะไร	아 라이	무엇, 어느
ใจดี	짜이 디-	착하다, 마음씨가 좋다
เวลา	웨(ㄹ)- 라-	시간
มือถือ	므- 트-	휴대전화
ดูแล	두(ㄹ)- 래-	돌보다
หัวเราะ	후-아 러	웃다
เกาะพีพี	꺼 피- 피-	피피섬
มะละกอ	마(ㄹ) 라 꺼-	파파야
กะทิ	까 티	코코넛밀크
เยอะแยะ	으ㅕ 얘	많다
เสือดำ	쓰-아 담	검은 호랑이

P. 68 종자음 결합 연습

초자음		모음		종자음		단어	발음	의미
ต	+	◌ึ	+	ก	=	ตึก	ˋ뜩	건물
ม	+	เ◌ือ	+	ง	=	เมือง	¯므-앙	도시, 나라
บ	+	◌ุ	+	ญ	=	บุญ	¯분	공덕, 선업
ผ	+	◌ิ	+	ด	=	ผิด	ˋ핏	틀리다, 그르다
ส	+	อ	+	บ	=	สอบ	ˋ써-ㅂ	시험보다, 시험
ล	+	◌ื	+	ม	=	ลืม	¯르-ㅁ	잊다, 깜박하다
ช	+	า	+	ย	=	ชาย	¯차-이	남자, 남성 가, 가장자리
ม	+	แ	+	ว	=	แมว	¯매-우	고양이

P. 69-70 자모음 종자음 결합 연습

	초자음		모음		종자음		단어	의미
1		+	อู	+		=	ลูก	자식
2		+	โอ	+		=	โรง	건물
3		+	อู	+		=	พูด	말하다
4		+	เอีย	+		=	เขียน	쓰다, 적다
5		+	ออ	+		=	หอม	향기롭다
6		+	เอือ	+		=	เดือน	달
7		+	ออ	+		=	บอก	말하다

	초자음		모음		종자음		단어	의미
8		+	อุ	+		=	สุข	행복하다
9		+	อา	+		=	ทาง	길
10		+	อิ	+		=	หิว	배고프다
11		+	อุ	+		=	คุณ	당신
12		+	อา	+		=	ภาพ	그림
13		+	อุ	+		=	คุย	대화하다
14		+	อา	+		=	ขาว	희다

P. 72 생음 사음 음절 구분 연습

단어	제1음절 발음	1음절 생/사음 구분	제2음절 발음	2음절 생/사음 구분	의미
ตายาย	따-	생음	야-이	생음	외조부모
ตึกสูง	뜩	사음	쑤-ㅇ	생음	고층 건물, 건물이 높다
มะนาว	마	사음	나-우	생음	라임
ชอบเรียน	처-ㅂ	사음	리-안	생음	배우기를 좋아한다
พูดมาก	푸-ㅅ	사음	마-ㄱ	사음	말이 많다
คุณแม่	쿤	생음	매-	생음	어머니
ทำไม	탐	생음	마이	생음	왜
ดีใจ	디-	생음	짜이	생음	기쁘다

P. 80 유형성조 연습

단어	제1음절 발음	제1음절 성조	제2음절 발음	제2음절 성조	의미
ไข่ไก่	카이	1	까이	1	달걀
พ่อแม่	퍼-	2	매-	2	부모
โต๊ะข้าว	또	3	카-우	2	밥상
เก้าอี้	까우	2	이-	2	의자
เสื้อผ้า	쓰-아	2	파-	2	옷, 의복
แม่น้ำ	매-	2	남	3	강
ปู่ย่า	뿌-	1	야-	2	조부모(친가)
ขี่ม้า	키-	1	마-	3	말을 타다
ที่นี่	티-	2	니-	2	여기, 이곳
น้ำส้ม	남	3	쏨	2	오렌지주스, 식초
ตั้งแต่	땅	2	때-	1	~부터
ญี่ปุ่น	이-(yii)	2	뿐	1	일본

✓ P. 84 유무형성조 연습 - 스스로 진단하기 1

단어	제1음절 발음	제1음절 성조	제2음절 발음	제2음절 성조	의미
ปากกา	빠-ㄱ	1	까-	평	펜
ดินสอ	딘	평	써-	4	연필
พี่ชาย	피-	2	차-이	평	형, 오빠
น้องสาว	너-ㅇ	3	싸-우	4	여동생
ห้องน้ำ	허-ㅇ	2	남	3	화장실
โรงเรียน	로-ㅇ	평	리-안	평	학교
กาแฟ	까-	평	패-(f)	평	커피
ชาเขียว	차-	평	키-아우	4	녹차
ข้าวผัด	카-우	2	팟	1	볶음밥
ไก่ทอด	까이	1	터-ㅅ	2	치킨, 닭튀김
การบ้าน	까-ㄴ	평	바-ㄴ	2	숙제
ข้อสอบ	커-	2	써-ㅂ	1	시험문제

✓ P. 85 유무형성조 연습 – 스스로 진단하기 2

단어	제1음절 발음	제1음절 성조	제2음절 발음	제2음절 성조	의미
รองเท้า	러-ㅇ	평	타우	3	신발
กางเกง	까-ㅇ	평	께-ㅇ	평	바지
ถุงมือ	퉁	4	므-	평	장갑
แว่นตา	왜-ㄴ	2	따-	평	안경
อาบน้ำ	아-ㅂ	1	남	3	샤워하다
ตื่นเช้า	뜨-ㄴ	1	차우	3	기상하다
สามสิบ	싸-ㅁ	4	씹	1	(숫자) 30
เก้าร้อย	까우	2	러-이	3	(숫자) 900
ขึ้นรถ	큰	2	롯	3	차를 타다
ลงเรือ	롱	평	르-아	평	배를 타다
ทะเล	타(ㄹ)	3	레-	평	바다
ภูเขา	푸-	평	카우	4	산

✓ P. 91 어두자음군 연습 – 스스로 진단하기

단어	제1음절 발음	제1음절 성조	제2음절 발음	제2음절 성조	의미
เกรงใจ	끄레-ㅇ	평	짜이	평	부담 느끼다, 미안해하다
เครื่องดื่ม	크르-앙	2	드-ㅁ	1	음료
เพราะว่า	프러	3	와-	2	왜냐하면
ใกล้เคียง	끌라이	2	키-앙	평	유사하다, 근접하다
กระโปรง	끄라	1	쁘로-ㅇ	평	치마
ซ้ายขวา	싸-이	3	콰-	4	좌우
ตรงข้าม	뜨롱	평	카-ㅁ	2	반대, 반대편
เปลี่ยนแปลง	쁠리-안	1	쁠래-ㅇ	평	변화하다
กล้าหาญ	끌라-	2	하-ㄴ	4	용감하다
ห้องครัว	허-ㅇ	2	크루-아	평	부엌
กระทรวง	끄라	1	쑤-앙	평	부, 부처 (ministry)
เสร็จสิ้น	쎗	1	씬	2	종료되다, 완료하다

P. 96 선도자음 읽기 연습 - 스스로 진단하기

	예시	발음/성조	의미
1	ขอน้ำหน่อย	커- 남 너-이	물 좀 주세요
2	อยากซื้อขนมปัง	야-ㄱ 쓰- 카놈 빵	빵을 사고 싶다
3	ทำงานเหน็ดเหนื่อย	탐 응아-ㄴ 넷 느-아이	열심히(피곤하도록) 일한다
4	อย่าสูบบุหรี่	야- 쑤-ㅂ 부리-	담배 피우지 마세요
5	อ่านหนังสือสนุก	아-ㄴ 낭 쓰- 싸눅	책을 재미있게 읽는다
6	ห้องสมุดอยู่ไหน	허-ㅇ 싸뭇 유- 나이	도서관 어디 있나요?
7	อยากไปภาคเหนือ	야-ㄱ 빠이 파-ㄱ 느-아	북부에 가고 싶다
8	เขาหน้าตาหล่อ	카우 나- 따- 러-	그는 얼굴이 잘생겼다
9	ผ้าไหมสวยหรู	파- 마이 쑤-아이 루-	실크가 화려하고 예쁘다
10	เมาเหล้าตลอด	마우 라우 따(ㄹ) 러-ㅅ	항상 술에 취했다

MEMO

คัดพยัญชนะไทย

태국어 자음 쓰기

태국어 자음(44자)

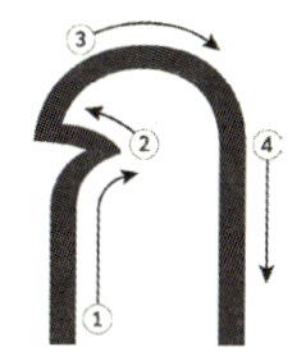

ก

ไก่

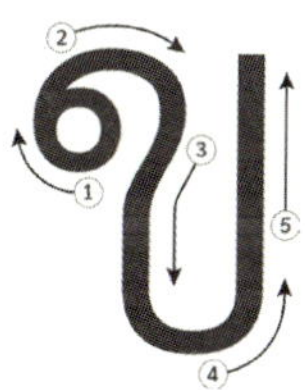

ข

ไข่

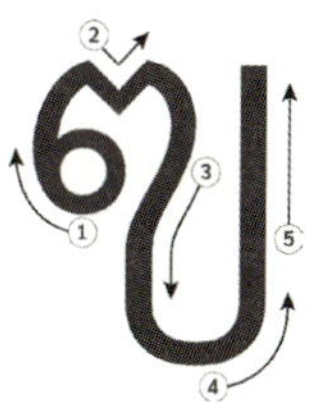

ฃ

ขวด

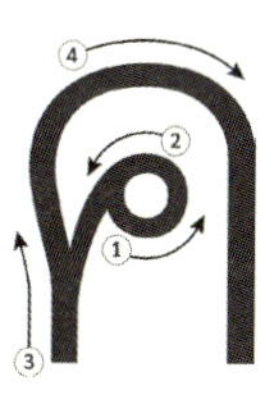

ค

ควาย

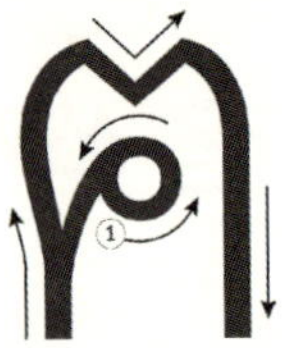

ค

คน

ฆ

ระฆัง

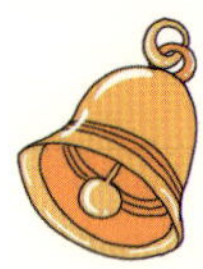

ง

งู

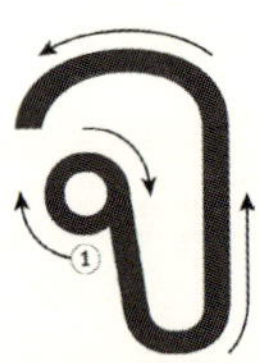

จ

จาน

ฉ

ฉิ่ง

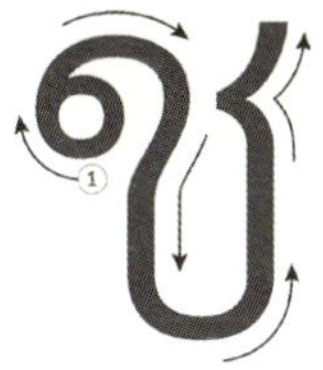

ช
ช้าง

ซ
โซ่

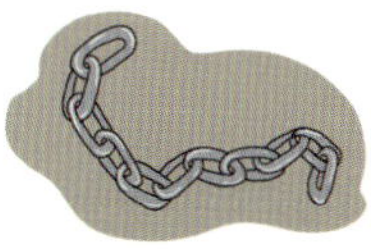

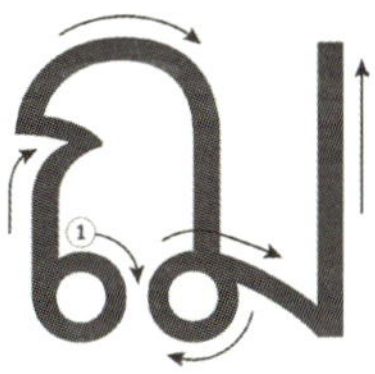

ณ
เณอ

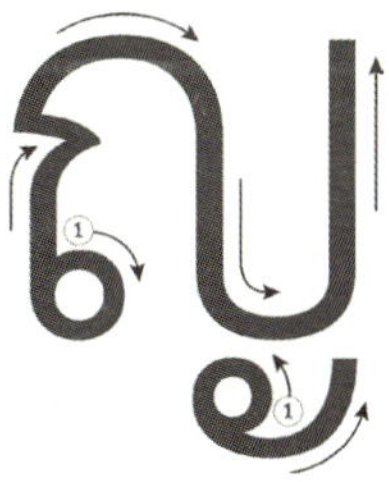

ญ
หญิง

ฎ
ชฎา

ฏ
ปฏัก

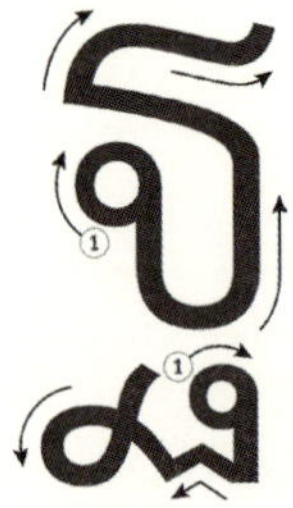

ฐ
ฐาน

ฑ
มณโฑ

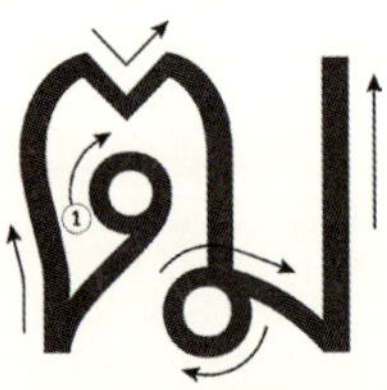

ฒ
ผู้เฒ่า

ณ
เณร

ด

เด็ก

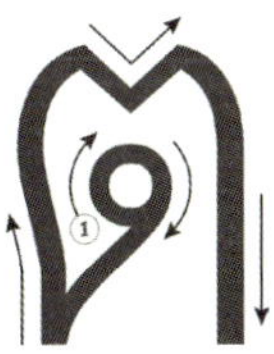

ต

เต่า

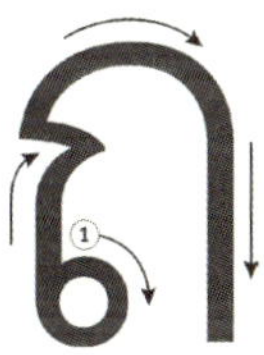

ถ

ถุง

ท

ทหาร

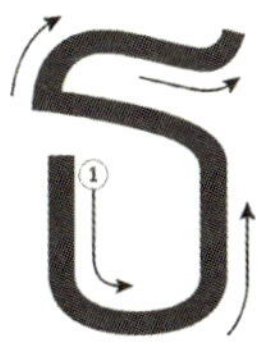

ธ

ธง

น
หนู

บ
ใบไม้

ป
ปลา

ผ
ผึ้ง

ฝ
ฝา

พ
พาน

ฟ
ฟัน

ภ
สำเภา

ม
ม้า

ย
ยักษ์

ร
เรือ

ล
ลิง

ว
แหวน

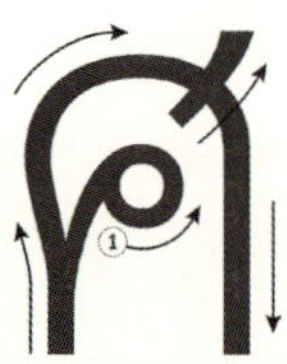

ศ
ศาลา

ษ
ฤาษี

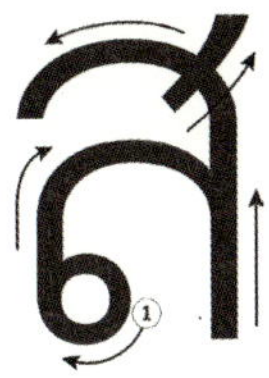

ส
เสือ

ห
หีบ

ฬ
จุฬา

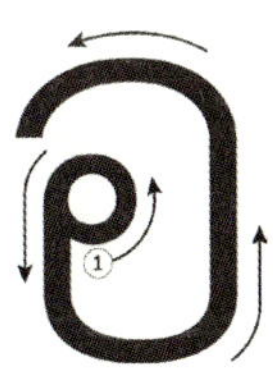

อ
อ่าง

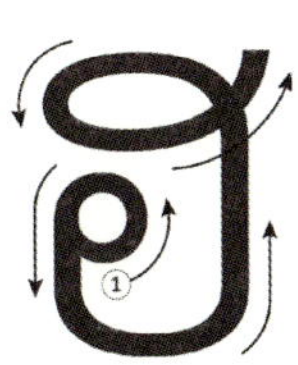

ฮ
นกฮูก

MEMO

คัดสระไทย

태국어 모음 쓰기

태국어 모음(32자)

อะ อะ

อา อา

อิ อิ

อี อี

อึ

อื

อื่อ

อือ

อุ

อุ

อู

อู

เอะ

เอะ

เอ

เอ

แอะ

แอะ

แอ

แอ

โอะ

โอะ

โอ

โอ

เอาะ เอาะ

ออ ออ

เออะ เออะ

เออ เออ

อ้วะ อ้วะ

อั้ว อัว

เอียะ เอียะ

เอีย เอีย

เอือะ เอือะ

เอือ เอือ

ไอ

ใอ

เอา

อำ

ฤ

ฤๅ

ฦ

ฦๅ

MEMO

คัดวรรณยุกต์

성조부호 쓰기

태국어(성조부호)

อ่

อ้

อ๊

อ๋

MEMO

คัดตัวเลขไทย

태국어 숫자 쓰기

태국어 숫자

๐ 0

๑ 1

๒ 2

๓ 3

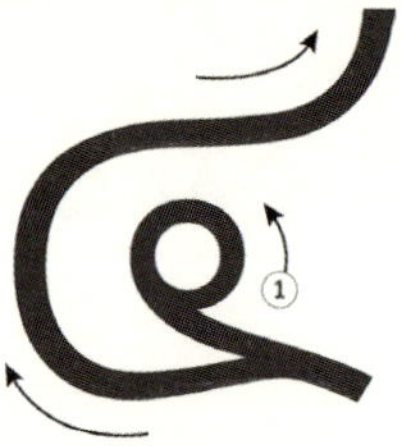

4

๔ ๔ ๔ ๔ ๔
๔ ๔ ๔ ๔ ๔

5

๕ ๕ ๕ ๕ ๕
๕ ๕ ๕ ๕ ๕

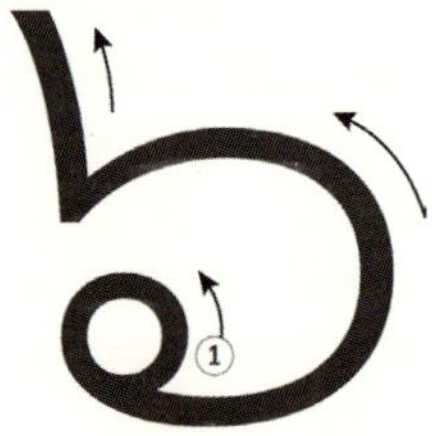

6

๖ ๖ ๖ ๖ ๖
๖ ๖ ๖ ๖ ๖

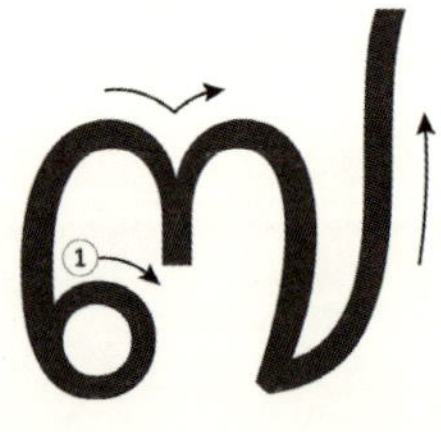

7

๗ ๗ ๗ ๗ ๗
๗ ๗ ๗ ๗ ๗

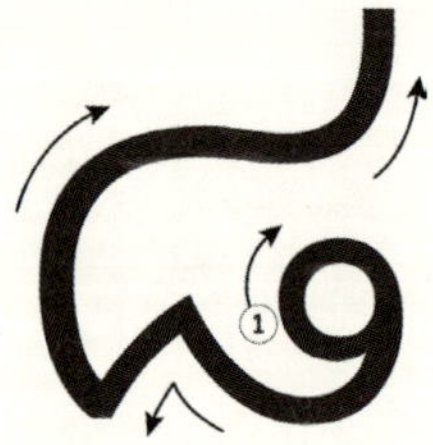

8

๘ ๘ ๘ ๘ ๘
๘ ๘ ๘ ๘ ๘

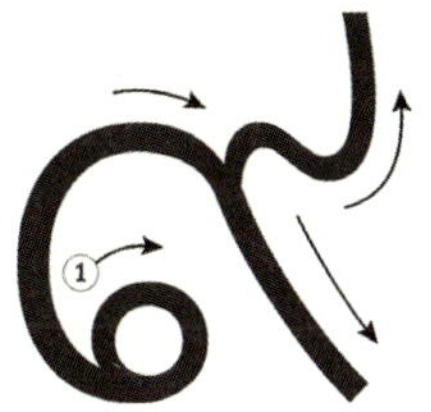

9

태국어 표준 교재 A0

초판 인쇄	2019년 11월 20일
초판 발행	2019년 11월 27일
지은이	한국외국어대학교 태국어과
발행인	김인철
총괄 · 기획	가정준 Director, University Knowledge Press
편집장	신선호 Executive Knowledge Contents Creator
기획 · 물류	이현진 Planning Expert
사전 · 도서편집	정준희 Contents Creator
전자책 · 도서편집	장혜린 Contents Creator
도서편집	이병철 Contents Creator
	이근영 Contents Creator
재무관리	하누리 Managing Creator
발행처	한국외국어대학교 지식출판콘텐츠원 02450 서울특별시 동대문구 이문로 107 전화 02)2173-2493~7 팩스 02)2173-3363 홈페이지 http://press.hufs.ac.kr 전자우편 press@hufs.ac.kr 출판등록 제6-6호(1969. 4. 30)
디자인 · 편집	(주)이환디앤비 02)2254-4301
인쇄 · 제본	네오프린텍(주) 02)718-3111

ISBN 979-11-5901-661-5 14730 정가 20,000원
ISBN 979-11-5901-660-8 (세트)

*잘못된 책은 교환하여 드립니다.

HUiNE은 한국외국어대학교 지식출판콘텐츠원의 어학도서, 사회과학도서, 지역학 도서 Sub Brand이다. 한국외대의 영문명인 HUFS, 현명한 국제전문가 양성(International +Intelligent)의 의미를 담고 있으며, 휴인(携引)의 뜻인 '이끌다, 끌고 나가다'라는 의미처럼 출판계를 이끄는 리더로서, 혁신의 이미지를 담고 있다.

이 책의 음원(mp3)은 한국외국어대학교 지식출판콘텐츠원 홈페이지 (press.hufs.ac.kr) – 게시판 – 자료실에서 다운받아 사용하시기 바랍니다.